ANTONIN DUFORT

EN SÉPARATION

Un curé de campagne

MONTAUBAN

IMPRIMERIE JULES PRUNET
4, Rue Porte-du-Moustier, 4

1910

EN SÉPARATION

ANTONIN DUFORT

EN
SÉPARATION

Un curé de campagne

MONTAUBAN

—

IMPRIMERIE JULES PRUNET

4, Rue Porte-du-Moustier, 4

—

1910

PRÉFACE

Des amis m'ont confié un dossier de lettres contenant tout le récit des luttes d'un curé de campagne, depuis la loi de Séparation.

Je les ai retouchées, juste ce qu'il fallait, pour que les personnages, réellement mêlés aux événements racontés, ne puissent s'y reconnaître. Leur physionomie a été modifiée par l'adjonction de traits pris un peu partout et disposés dans la trame vraie qui constitue le fonds du livre, de manière à enlever au récit son caractère local et surtout personnel.

Ces luttes sembleront mesquines, mais en apparence seulement.

Dans les hautes sphères politiques, on fait semblant de partir en guerre pour des principes, alors que, souvent les plus grands assauts parlementaires se réduisent à des conflits d'intérêts ou à des heurts d'appétits inégalement satisfaits.

Au contraire, tandis que de minces avantages matériels semblent allumer la guerre dans les étroites limites d'une paroisse, le prêtre défend les principes les plus élevés et les intérêts les plus sacrés. Des âmes immortelles à sauver, tout un pays à conserver ou à rechristianiser, le flot montant de l'athéisme oppresseur à contenir, telle est sa tâche quotidienne en face de tyranneaux aussi arrogants que peu scrupuleux.

Dans l'énervante mesquinerie d'attentats incessants, il trouve une grande croix et une dangereuse tentation. Il est porté à livrer son âme au découragement devant l'apparente inutilité de ses efforts, ou à la rabaisser dans l'apparente petitesse des conflits. Cependant son rôle ne manque ni de grandeur ni de fécondité.

Au milieu des populations les plus terre-à-terre, le prêtre, vrai sel de l'humanité et vrai flambeau des esprits, peut, en s'élevant lui-même au-dessus de la vulgarité ambiante, faire rayonner les plus hautes conceptions du droit, du devoir, de la vertu. Malgré la pression d'un gouvernement mettant son influence et ses faveurs au service des passions et de l'impiété, il peut, en donnant l'exemple du courage désintéressé, faire triompher les principes d'ordre, de justice, de liberté.

C'est ce que démontrent les lettres du curé de Belmon, avec l'autorité de ce qui a été vécu. Sans ressources et presque seul, mais fort de la bonté de sa cause, ce curé soutient, pendant plus de trois ans, une lutte marquée de nombreux déboires, de profonds découragements et de quelques succès. Il triomphe enfin, parce qu'il persévère quand même et toujours.

Sans le copier servilement, s'inspirant seulement de ses initiatives et profitant de ses fautes, d'autres pourront imiter son apostolat, en l'adaptant à leur tempérament et à leur milieu. Ils seront plus heureux, parce que leurs moyens ne sauraient être plus faibles, ni leurs adversaires plus forts.

Les catholiques de toute condition puiseront, à la lecture de ce livre, l'assurance de la possibilité du triomphe final et le désir de seconder les efforts de leur pasteur. Les œuvres de propagande et de mutualité leur apparaissant avec toutes leurs difficultés, mais aussi avec toute leur efficacité, ils leur consacreront généreusement un peu de leur temps et de leur argent.

Que pèserait le joug des sectaires en face de l'effort persévérant, méthodique et désintéressé, déployé dans toute la France, par 50.000 prêtres qui voudraient se défendre et qu'appuierait l'élite des catholiques ?

Le sort du tyranneau de Belmon nous le montre.

Une fois de plus, le clergé français aurait bien mérité de la patrie et de la religion.

Antonin DUFORT.

EN SÉPARATION

CHAPITRE PREMIER

L'Arrivée

1. — Lettre au frère Clément

7 janvier 1906.

Mon cher frère,

Une lettre de moi, sitôt après notre entrevue, va vous surprendre, peut-être vous alarmer. Rassurez-vous.

Hier soir, tandis que, dans votre petit parloir, je vous disais : « au revoir, nous nous retrouverons quand vous reviendrez de votre Maison-Mère », à l'évêché on s'occupait de moi, et, tout à l'heure, M. le doyen m'appelait dans sa chambre pour me faire part de ma nomination... probable. Probable ! C'est un euphémisme, une précaution oratoire employée par M. le doyen, désireux de rendre moins pénible la surprise de mon changement. Mais je n'ai pas d'illusion ; je ne suis plus vicaire à Granville ; je suis curé à Belmon.

Curé ! mon cher Frère, tranquille et libre chez soi ! On dit que c'est le rêve des vicaires ; ce n'était pas le mien. M. le doyen m'a gâté ; je l'aimais comme j'aurais aimé mon vieux père, si j'avais eu le bonheur de le conserver. Certes on travaillait ferme sous ses ordres, mais on se sentait aimé, dirigé, soutenu, et ce travail, tout absorbant qu'il fut, n'était pas sans charmes. Je laisse ici tous mes amis, vous surtout, avec qui j'ai passé tant de bonnes heures à transformer en hommes et en chrétiens, les petits sauvages de Granville.

C'est bien fini tout cela, et c'est le cœur serré que je dis adieu à mon vicariat. De ma nouvelle paroisse, je ne sais rien que son nom et sa distance : une douzaine de kilomètres. Dieu merci, elle n'est pas trop loin de ceux que j'aime.

Mon installation aura lieu dimanche prochain. A votre retour, vous ne me trouverez plus au presbytère. Priez pour moi cette semaine. Je regrette tant le passé, et l'avenir est si effrayant !

Tout à vous.

2. — Lettre au frère Clément

18 janvier 1906.

MON CHER FRÈRE,

Après la dure journée de mon installation, qui m'a brisé au physique comme au moral, ma pensée se reporte vers vous. Plus tard, lorsque je serai mieux disposé, je vous parlerai de ma paroisse, de mon église, de mon presbytère. Aujourd'hui, veuillez m'en excuser, je ne vous parlerai que de moi-même.

J'ai célébré les offices dans la matinée, au milieu de la curiosité générale. Chacun faisait sa réflexion sur le nouveau curé : Il est plus petit que l'ancien. Il ne chante pas mal. Il n'a pas l'air mauvais garçon !... Comme il est jeune ! Mais c'est un enfant !...

L'animation précédant les offices, la célébration des offices eux-mêmes, ont, pendant la matinée, satisfait le besoin d'agir de mes nerfs surexcités. Mon cœur a commencé à se serrer aux vêpres. Ce n'est pas que je fusse bien préoccupé du sermon. Mais l'absence de tous mes confrères, retenus chez eux par leur service, et surtout l'indifférence de mes paroissiens, m'ont causé une indicible peine. Il leur suffisait d'avoir vu leur curé.; peu leur importait sa parole.

Devant un auditoire de 60 femmes et de 5 hommes, j'ai prononcé l'allocution de circonstance. Rien ne vibrait en moi. L'impression n'a pas dû être bien bonne. Enfin la bénédiction donnée, chacun est rentré chez soi.

Je suis seul, dans mon vieux presbytère, au milieu d'un désordre indescriptible qui me permet difficilement de trouver du papier convenable pour vous écrire. La bonne femme, chargée de me préparer le repas du matin, n'a pu revenir ce soir. Je me sens si affaissé que je n'ai nulle envie de toucher aux aliments qu'elle m'a laissés.

—Déraciné de Granville, je me sens triste, un peu

comme ces arbustes récemment transplantés, qu'on voit laissant lamentablement pendre le long de leurs tiges molles, leurs feuilles flasques et frippées. Je suis plus piteux encore, car aucune bonne âme n'a songée à me faire l'aumône d'un peu de sympathie.

A mesure que la nuit tombe, le vide me paraît plus grand. Si j'avais près de moi ma vieille mère tricotant à la lumière de ma lampe, ou mon vieux père sommeillant au coin de la cheminée, je serais moins isolé et plus fort. Ils sont morts et depuis longtemps, je suis seul !

Vous me restez, vous, à qui je donne le nom de frère, frère par la religion, frère un peu par le sang grâce à notre lointaine parenté, frère surtout par cette vieille amitié, aussi vieille que nous, faite de communs souvenirs de jeunesse et plus encore de profonde identité de tous nos sentiments. En confiant mes premières impressions à ce papier qui va venir vous trouver, il me semble que je suis moins abandonné ; je me donne l'illusion d'une de nos causeries d'il y a quelques jours.

Soyez indulgent pour le décousu de mes idées et l'affaissement que je vous révèle. Que ma confidence vous porte à prier pour moi... et hâte l'heure de me répondre.

Votre tout dévoué.

3. — Lettre à M. le doyen de Granville

20 janvier 1906.

Monsieur le doyen,

Hier, je n'ai pas eu le courage de vous écrire. J'aurais dû pourtant, dès le premier jour de ma nouvelle vie, vous remercier du bonheur que vous m'avez donné durant les années passées près de vous... mais le matin, en m'embrassant sous le bec-de-gaz qui marque, au coin de l'octroi, la limite de votre chère paroisse, cette limite à laquelle malgré le froid et vos rhumatismes, vous avez voulu m'accompagner, vous m'avez défendu de jamais vous parler de reconnaissance. Je regrette tant de n'avoir plus à vous obéir en tout, que je vous obéis au moins en cela. Mais vous ne pouvez me défendre de me souvenir et je me souviens au saint Autel.

Je suis parti au jour naissant, pédalant sur la route gelée, sentant très bien que votre regard, posé sur moi, ne me quitterait pas avant que j'eusse disparu dans la brume matinale ; je n'ai pas voulu me retourner pour vous dire encore une fois adieu, ou voir s'éteindre peu à peu dans le lointain ces rangées d'étoiles, qui marquent les rues, aux maisons toutes connues, où j'ai fait mes premières courses apostoliques.

Je ne dois pas vivre dans le passé, mais être l'homme du présent... et de l'avenir. Hier, pendant toute la cérémonie, je vous l'avoue humblement, de corps j'étais au milieu de mes paroissiens ; de cœur je vivais à Granville. Aussi quand, ce matin après ma messe, je me suis agenouillé, devant le vieux monument peint en marbre servant d'autel à mon église neuve, en face de ce tabernacle où, entre deux anges vieillots, daigne habiter l'Ami pour qui j'ai tout quitté, que je veux faire aimer et servir de tous ici, que je dois faire vivre en tous, j'ai eu honte de ma faiblesse. J'ai demandé pardon d'avoir inauguré ma vie de curé par un jour entier de lâcheté intérieure.

De mes nouveaux paroissiens, je n'ai encore vu de près que mon petit clerc, un bon drôle insignifiant, mais qui, bien dirigé, pourrait faire plus tard un honnête chrétien. Hier, j'avais été peiné de n'avoir dans le chœur, pour la cérémonie d'installation, que trois marmots vêtus de soutanes rouges et de ne voir sur les bancs réservés aux écoliers qu'une demi-douzaine de garçons et quelques fillettes. « Les enfants ne viennent donc pas aux offices ? » ai-je demandé ce matin à mon clerc. « Mais que si, m'a-t-il répondu, hier, nous y étions tous. » Hélas ! c'est donc qu'il y a peu d'enfants à Belmon !

Je me recommande à vos prières.

Veuillez agréer, Monsieur le doyen...

4. — Lettre à M. l'abbé Delmas, curé de Saint-Urcisse

25 *janvier 1909.*

MON CHER AMI,

J'ai vu M. Busquet.

Tu ne le connais pas ? C'est le très haut et très puissant seigneur de Belmon, maire de Saint-Clair depuis près de vingt ans, celui qui a cassé les reins à mes deux prédécesseurs : grande taille, cheveux encore noirs sur un front pourtant déjà découvert, une barbe poivre et sel autour de lèvres un peu hautaines et gourmandes ; le ventre proéminent comme il convient à un homme important ; 50 ans ; voilà le physique. Il n'est pas désagréable. Du moral, je n'ai rien à dire encore.

Je t'envoie le compte-rendu fidèle de notre première entrevue. Tu en tireras les conclusions qui te paraîtront justes ; tu verras si elles concordent avec ce qu'on raconte dans le département, si dans ces quelques phrases l'homme se révèle tel qu'on nous l'avait dépeint : peu de conviction, beaucoup de souplesse pour être toujours de l'avis du plus fort, la conscience d'avoir assez de crédit à la préfecture pour favoriser ses amis et terroriser ses adversaires ; l'apparence d'un serviteur dévoué des gogos qui le nomment et qu'il exploite. Je réserve mon jugement. Pour un nouveau curé, l'opinion d'autrui ne peut être la règle des appréciations ; cependant elle me sert d'avertissement. Ma première visite a été pour lui et je t'en dois le récit.

Salutations d'usage, présentation à Mᵐᵉ Busquet ; c'est courtois, un peu protecteur. La Séparation n'est pas ici une rupture complète. M. le maire semblerait même penser que rien n'est changé. En tout cas, il commet l'anachronisme de me tracer la ligne de conduite en dehors de laquelle il n'y a pas de salut pour un curé concordataire.

« D'abord pas de politique, monsieur le curé ; car, voyez-vous, un curé ne doit pas faire de la politique.

« Votre prédécesseur a essayé de combattre la candidature d'un tel. En chaire, il a parlé d'élection et de vote. Ce n'est pas ce qu'il nous faut.

« Et puis, votre Évêque ! de quoi s'occupe-t-il ? On dit qu'il écrit des lettres contre le gouvernement, contre la Séparation, contre les écoles laïques. Vous ferez bien de mettre toutes ces lettres de côté. C'est le plus sûr moyen d'avoir la paix.

« Ensuite, et de plus en plus M. Busquet paraît convaincu de l'excellence de ses conseils, ensuite n'imitez pas votre prédécesseur, qui dans son zèle intempestif, se mêlait de ce qui ne le regardait pas. Il s'est permis, plusieurs fois, en termes voilés, je l'avoue, de faire allusion à certaines prétendues obligations... que j'appellerai familiales, faute d'un meilleur mot et dont il n'est guère décent qu'un ecclésiastique s'occupe. Vous me comprenez, je n'insiste pas. De plus, il aurait voulu faire de Belmon un vrai couvent. Si l'on travaillait le dimanche, on était sûr d'une semonce en chaire. Cela ne faisait pas plaisir. C'était même d'autant plus déplacé que mes électeurs et moi avons témoigné à vos prédécesseurs une bonne volonté réelle; j'irai plus loin, une générosité méritoire par les sacrifices consentis, au nom de la commune, pour la construction de votre belle église.

« Il vous est très facile de gagner toutes les sympathies. Contentez-vous de célébrer vos offices, sans vous occuper de quoi que ce soit, ni rien dire à personne. Que l'on vienne à l'église ou que l'on n'y vienne pas, cela ne vous fait pas grand chose, puisque vous êtes payé autant. Occupez-vous des enfants, si on vous les envoie. Allez voir les malades quand on viendra vous chercher. Vous n'avez pas autre chose à faire et, si vous vous en tenez là, vous n'aurez certainement pas d'ennuis. »

Pendant ce petit discours, qui ne concordait guère avec les conseils donnés par Monseigneur, Mᵐᵉ Busquet, préparant trois petits verres, m'invitait à goûter une liqueur préparée par ses soins. Satisfait de son monologue, souligné seulement de mon côté par quelques inclinations de tête, M. Busquet cherchait à deviner sur mes traits l'impression produite par son éloquence. Il fallait répondre quelque chose qui ne fut ni une approbation ni un blâme. Je pris un verre et, après avoir félicité Mᵐᵉ Busquet de ses talents de liquoriste, j'ajoutai :

« Soyez assuré, monsieur le maire, de mon désir d'entretenir avec vous les meilleures relations. Mon intention est de faire tout mon devoir de prêtre et de ne me laisser guider que par le souci des intérêts religieux de la paroisse. Comme la doctrine catholique est toute de charité, mes efforts ne sauraient tendre qu'à prévenir tout conflit et à faire régner la paix dans Belmon. Permettez-moi de lever mon verre à la santé de Mme Busquet et à la vôtre. »

Sur ces mots, qui pouvaient signifier beaucoup, je me préparais à prendre congé.

Toutefois ma visite, dictée par les convenances, était un peu commandée par l'intérêt. Le presbytère se trouve dans un tel délabrement que le cantonnier ne voudrait pas l'occuper. Je crus le moment favorable pour obtenir quelques réparations. M. le maire, pour montrer sa bienveillance, promit d'envoyer sans retard des ouvriers, afin de blanchir la cuisine, boucher les trous de rats et fermer les gouttières.

Ne penses-tu pas que les conseils de M. Busquet me traçaient la ligne de conduite que je ne dois pas suivre pour faire du bien à Belmon ?

Ton dévoué en N.-S...

5. — Lettre au frère Clément

13 février 1906.

Mon cher frère,

Merci de votre bonne lettre. La réponse est tardive, mais n'accusez pas le cœur. Vous restez sans cesse présent à mon souvenir.

Un mois durant, j'ai été absorbé par la prise de possession de l'église, du presbytère, voire de la paroisse.

De l'affaissement trahi par mon dernier billet, il reste peu de chose. Je fais des efforts pour me dominer et m'adapter à la situation nouvelle qui m'est faite.

Mais laissons aujourd'hui mes peines et ma personne. Je vais vous présenter mon église et ma paroisse. Vous êtes si bon pour moi, que les plus petits détails vous intéresseront.

Si mon presbytère tombe en ruines, mon église par contre est vraiment belle, et j'en suis fier. Difficilement on trouverait mieux, à la campagne, que ma petite cathédrale blanche et rose, d'un style gothique très pur et dont l'élégant clocher domine, du haut d'un mamelon verdoyant, l'immense plaine de l'Yselte. L'intérieur est propre, mais sans aucun luxe. Les fidèles ont fait de généreux sacrifices pour construire l'édifice ; ils ne peuvent plus rien pour l'orner; les chapiteaux de pierre sur les colonnes de briques attendent le sculpteur; le vieux mobilier n'a pas été renouvelé; les vitraux ont été emportés par la tempête et au-dessous des fenêtres, ouvertes à toutes les intempéries, la pluie a déjà tracé de vilains sillons noirs sur le plâtre blanc.

Le vestiaire, peu fourni et tout usé, réclamerait les soins d'une personne intelligente et habile. Ma sacristine, vieille femme borgne, est incapable de faire une reprise convenable. En voyant son travail, ma pensée se reporte aux rapiéçages que j'opérais sur le bourgeron fourni par le gouvernement, pendant mon service. Mais la bonne volonté de cette chrétienne, travaillant pour le seul amour de Dieu, ne me permet pas de me plaindre.

J'ai parcouru presque toute ma paroisse. La route nationale de Granville à Clermon la borne à l'Est. Elle chemine sur les crêtes d'une petite chaîne de collines. De nombreux ravins en dévalent vers le Nord, avec, au fond, d'impétueux torrents, qui en hiver portent leurs eaux à l'Ysette. Le long de la rivière, s'étendent à perte de vue des champs de terre noire, que verdissent déjà le blé naissant ou l'herbe touffue des prairies naturelles. L'Ysette borne mon domaine à l'Ouest. Eglise et presbytère sont perchés, entre deux ravins, sur un promontoire qui s'avance au cœur de la vaste plaine. Au printemps, quand tous les arbres et tous les champs sont revêtus de verdure et de fleurs, le coup d'œil doit être ravissant. De ma fenêtre, la vue s'étend jusqu'à quinze ou vingt kilomètres et l'œil du curé peut compter, sur les côteaux ou dans la plaine, les maisons où vivent ses enfants.

L'accueil qui m'est fait à tous les foyers, même à ceux où le père est notoirement indifférent, ne manque pas de cordialité. A vrai dire, il n'y a pas au premier abord grande différence entre les mauvais chrétiens et les pratiquants. Avec tous, la conversation est à peu près la même. Voici le type vu aujourd'hui; c'est le père Bertrand. Un balai à la main, le bonnet de laine rejeté en arrière, il m'attend sur le seuil de son écurie, car il m'a vu venir par le sentier qui conduit à sa borde : « Eh bonjour, monsieur le curé, c'est gentil à vous d'être venu; on est content de vous voir. Faut croire que vous vous habituerez au pays; on n'est pas mauvais ici et pourvu que vous vous entendiez avec mossieu le maire, vous ne serez pas mal. » Et voilà le nom de M. Busquet, encombrant toujours la première phrase prononcée par mes paroissiens. Pour être heureux à Belmon, il faut être bien avec M. Busquet; c'est le onzième commandement... à moins qu'il ne passe avant tous les autres.

« Entrez, monsieur le curé », et avant même de me présenter sa femme et ses enfants, Bertrand veut me montrer son écurie et son bétail. Du reste, il tient son étable comme une bourgeoise de Granville son salon, et tout en me faisant admirer ses bêtes, d'un coup de fourche par ci, d'un coup de balai par là, il remet en ordre tout ce qui pourrait choquer l'œil le plus attentif d'un membre de jury de comice agricole. « C'est mon chez moi, dit-il, comme pour expliquer cette tenue méticuleuse. Tenez, voilà ma chambre à coucher » et il me montre un recoin où tout respire la propreté, mais d'où le luxe est banni. Quelques planches reposant sur deux escabeaux, un grand sac rempli de paille de maïs, deux grossiers draps de lits confectionnés par le tisserand de Belmon avec le chanvre récolté dans la propriété, plusieurs couvertures de laine, constituent sa couchette, auprès de laquelle se trouvent, par une dérogation que les vieux blâmeraient sévèrement, une misérable chaise et un reste de miroir. Les grands bœufs, dont Bertrand tapote amoureusement l'échine robuste, tournent vers moi, sans cesser de ruminer, leurs yeux placides. Je ne suis pas connaisseur ; cependant je puis parler bétail et j'en profite. « Mais, monsieur le curé, vous vous y entendez donc ?... C'est drôle ! un curé qui vient de la ville et qui a passé sa jeunesse sur les livres ! » « Mais, mon brave homme, je suis de la campagne et fils de paysan. » Cette profession de foi va droit au cœur de Bertrand : « Alors, vous êtes des nôtres !... Venez voir la femme et les filles. » Et il me pousse dans la cuisine.

Tout à la fois cuisine, salle à manger, chambre à coucher, salon, la pièce laisse parfois à désirer comme tenue : la pauvre mère de famille, surmenée par le travail des champs, n'a pas toujours le temps et le goût de faire reluire les chaudrons ou de cirer les meubles. Elles sont pourtant vaillantes comme des hommes, les paysannes de chez nous !

L'accueil est aimable, empressé même. On me sert un verre de vin que je choque contre celui du chef de famille et l'on me fait asseoir, tandis que la femme, ses deux fillettes collées à ses jupes, reste debout.

En février, le paysan n'est pas pressé et jase volontiers. On cause donc et parfois longuement. Bertrand, sans être instruit, n'est pas ignorant. Il achète le journal chaque fois qu'il se rend à Granville et le lit jusqu'à la dernière ligne de la quatrième page ; il réfléchit beaucoup. La race, vous le savez, est intelligente ; d'un fils de paysan méridional, quand ce fils est un peu cultivé et s'est établi comme avocat dans quelque sous-préfecture, on peut faire un ministre, et si Bertrand n'était pas resté auprès de ses bœufs, en même temps qu'honnête homme, je devrais peut-être lui donner de l'Excellence ! Il regrette que ses parents ne l'aient pas poussé, car il sent qu'il y a de l'étoffe en lui et modestement ne se prive pas de le dire.

De propos en propos, nous arrivons à parler de la Séparation et de ses conséquences dans notre paroisse de Belmon. Mon paroissien, qui fréquente l'église, déplore cette loi, parce qu'il va subir une nouvelle charge. « F...ichu gouvernement, sauf votre respect monsieur le curé », J'en conviens et j'ajoute : « Mauvais gouvernement, parce que nous sommes de mauvais électeurs !... » Mais je sens vite que mon homme ne me suivra pas sur ce terrain. Il est tenu par le maire. Aux élections prochaines, il votera, comme aux dernières, pour le candidat d'un gouvernement dont il blâme la politique. Pourrait-il faire autrement ?...

Au cours de la conversation, j'ai souligné quelques idées fausses sur le rôle du clergé, sur le Pape, sur l'Eglise et son histoire, sur l'opposition du Pape à la République, un commencement, oh! très léger, de scepticisme à l'endroit des vérités surnaturelles : « Est-ce qu'on sait comment on sera au ciel? » Bref, des mots qui sonnent étrangement sur les lèvres d'un bon catholique tel que le père Bertrand et qui trahissent comme une sorte de défiance à l'égard de l'Eglise, comme un anti-cléricalisme naissant.

En somme, voulez-vous mon opinion? Belmon est côté comme une bonne paroisse, mais que de choses laissent à désirer et que doivent être les mauvaises paroisses! car, d'après ce que l'on m'a dit, un tiers seulement de la population assiste aux offices le dimanche. Le curé n'est pas mal vu, on ne voudrait pas qu'il quittât la paroisse, et cependant on est persuadé que son influence doit s'exercer seulement sur les enfants et les vieilles femmes. On envie sa situation qu'on croit lucrative et on ne manque pas de lui faire sentir qu'il gagne facilement son argent. On n'ira pas lui demander un conseil, ni s'enquérir auprès de lui de la ligne de conduite à suivre en telle affaire délicate pour accomplir tout son devoir. A Pâques, une vingtaine d'hommes et le tiers des femmes, aux portes du tombeau, tous sans exception lui apportent leur paquet de péchés, pour qu'une absolution les efface. « C'est plus sûr, disent-ils, dans le cas où il y aurait quelque chose de l'autre côté ».

Mlle Dubreuil, que vous connaissez au moins pour l'avoir entendue chanter dans les églises de

Granville et qui habite sur ma paroisse une bonne partie de l'année, est venue me voir samedi dernier. Nous avons causé de Granville et même de vous. Pendant mon vicariat, j'avais eu rarement l'occasion de la voir. J'ai promis d'aller lui rendre visite de temps en temps. En attendant, je l'ai priée de m'annoncer à son père malade.

Je compte me rendre bientôt à Beaulieu. Je viendrai auparavant prendre vos commissions pour votre mère. Cela me procurera l'occasion de vous voir.

Agréez...

6. — Lettre à M. l'abbé Savignac, curé de Sainte-Cécile

20 février 1906.

MON CHER AMI,

Je viens compléter les renseignements hâtifs que je t'ai donnés sur Belmon. Tu constateras que tu es aussi bien, sinon mieux partagé que moi.

Je vis en pleine campagne. Pas de bourg, comme à Sainte-Cécile ; pas même de mas, comme dans votre Quercy. Les maisons, semées tous les deux ou trois cents mètres sont absolument isolées. Auprès de l'église, seulement le presbytère et la maison d'école. A deux portées de fusil, pour employer l'expression de mes paysans, et sur le contrefort opposé, s'élève l'habitation de M. Busquet, maire de Saint-Clair. Belmon compte 300 habitants, parmi lesquels une douzaine de protestants, et forme la seconde section de la commune. J'ai l'honneur insigne de compter au nombre de mes paroissiens, pas les plus fervents ni les plus dévoués, le premier magistrat municipal.

Saint-Clair, plus important que Belmon, possède, je crois, des hommes d'une réelle valeur et devrait avoir le maire ; mais les électeurs et la politique en ont décidé autrement. M. Busquet a hérité de l'écharpe de son père. Depuis le jour où il la ceignit, il y a plus de 18 ans, il considère la commune comme son fief, certains disent comme sa métairie.

A part M. Busquet, Belmon n'a pas de bourgeois. Mes paroissiens sont tous propriétaires ou bordiers, vivant facilement de leur travail, eux, leur femme et leurs enfants, sans rentes assurées, mais aussi sans grand souci de l'avenir.

Tu me demandes si j'ai chance de rencontrer, dans cette population, quelques auxiliaires sur qui je puisse compter pour mon action religieuse.

Voici les meilleurs. En première ligne vient Lombard, âgé de 71 ans, président de la fabrique et tonnelier en retraite. Une belle barbe auvergnate orne ses joues ridées et lui donne un air légèrement sauvage. Au demeurant le meilleur homme du monde, très fervent chrétien, parlant beaucoup et bien, détestant M. Busquet de tout l'amour qu'il porte à la religion. Son grand âge et son éloignement du presbytère ne me permettront guère d'utiliser sa bonne volonté.

Au fond d'une gorge, et non loin de l'Ysette, habite le calme Landou. C'est l'homme posé, dont chaque parole porte, parce qu'elle est marquée au coin du bon sens et de l'expérience. Il sait à peine lire; il est pourtant trésorier de la fabrique, mais supplée au défaut d'instruction par une bonne volonté hors ligne, malheureusement paralysée par de cruels rhumatismes.

Non moins précieux pourrait être Caminat, fabricien lui aussi, jouissant de l'estime universelle, d'une belle fortune et d'une bonne instruction primaire; il pourrait rendre de grands services à la cause catholique. Mais quelle mollesse!

Ne t'étonnes pas de trouver au nombre de mes soutiens le marquis de Lucey. Quoique protestant, il tient haut et ferme le drapeau des libertés religieuses. L'ancienne église paroissiale avait été primitivement la chapelle du château de ses ancêtres catholiques. La nouvelle a été bâtie un peu plus à l'écart; mais de mes fenêtres j'aperçois les pignons d'ardoise de M. de Lucey, faisant pendant au toit de briques rouges de l'habitation construite par M. Busquet sur le mamelon d'en face. Ne résidant à Belmon que deux ou trois mois de l'année, M. de Lucey n'exerce qu'une influence insignifiante sur la population, alors que son intelligence et sa fortune devraient en faire le roi du pays.

Dans la revue des bons, je ne dois pas oublier Léopold Dutil, l'apache catholique. On peut compter sur lui jusques et y compris le coup de poing. Un peu vif, mais si dévoué!

Passons au camp blocard. Inutile de te présenter

M. Busquet; tu as un sosie dans ta commune, et je ne sais lequel des deux a les préférences de M. le préfet. Je vais te surprendre en te nommant son plus ferme soutien : mon chantre Cantarel. Le diable sait les tours qu'il a joués à mes prédécesseurs ! Mais tu n'es pas au bout de tes surprises. Ma casserole, ou mon Cantarel, comme tu voudras, n'est pas un mouchard vulgaire. A l'église, il chante les louanges de Dieu avec une conviction et une ponctualité admirables ; il prie avec le recueillement de nos pères et fait l'édification de ceux qui ne le connaissent pas. Cependant il n'est pas un hypocrite ; il croit et pratique sa religion comme il la comprend ! Auprès du maire, Cantarel déblatère contre le pape, les évêques et son curé, dont il rapporte, habituellement de travers, les discours et les actes. Avec sa vie double, cet homme m'apparaît comme un mystère. Je vais te citer un mot de lui, qui t'aidera peut-être à débrouiller l'énigme. Par un hasard, que personne n'a jamais pu expliquer, Cantarel devint un jour conseiller municipal. Dès la première séance, il se rendit célèbre par une phrase devenue la formule invariable de ses votes : « Je pense comme dira mossieu le maire ». La religion a mis sur son âme d'enfant une empreinte qui demeure dans l'homme fait ; elle lui a donné des habitudes auxquelles il reste fidèle. Plus tard, M. Busquet s'est emparé de sa petite intelligence en même temps que de sa faible volonté, et tout ce qui n'est pas directement contraire aux habitudes pieuses de Cantarel, il l'obtient de lui. Pourtant Cantarel n'est pas plus sot que la plupart de ses concitoyens.

Voilà un cas de psychologie que je livre aux recherches de ta curiosité.

Entre ces deux groupes, la masse indifférente se laisse gagner par les promesses de M. Busquet ou terroriser par ses menaces, car on le connaît vindicatif autant qu'influent auprès des pouvoirs publics.

Comment utiliser les bons éléments que m'offre Belmon, pour faire sortir de l'indifférence une population toute occupée des seuls intérêts matériels ? L'ignorance religieuse est profonde chez les meilleurs eux-mêmes. Rien n'élève leur cœur et leur esprit au-dessus du terre-à-terre d'une vie remplie par le travail quotidien des champs. Les jouissances des sens leur suffisent et, avec l'âpreté au gain, sont leurs seules passions. Au point de vue simplement naturel, cette conception de la vie fait d'épouvantables ravages. Notre département qui comptait 280.000 âmes il y a cent ans, n'a plus que 180.000 habitants. Ma paroisse souffre beaucoup du manque de bras et sans les machines, la moitié des terres resteraient incultes. Comment s'en étonner, lorsque, dans le court espace de 50 ans, Belmon est passé de 550 habitants au chiffre de 300 ? Toutes les forces officielles n'ont d'autre but que d'exploiter, en les avivant, l'intérêt personnel et les passions les plus viles.

Le découragement rentrerait dans mon âme, si je ne me souvenais de la parole du Maître : Ayez confiance, j'ai vaincu le monde.

A toi de tout cœur.

1ᵉʳ mars 1906.

Arrêté Municipal

Le maire de Saint-Clair,
Vu les articles 91 et 97 de la loi du 5 avril 1885,

Arrêté :

Article premier. — Le port des emblèmes religieux est interdit sur les routes et places publiques de la commune de Saint-Clair.

Art. 2. — En cas de contravention au présent arrêté, le garde-champêtre est chargé de dresser procès-verbal et de saisir les emblèmes interdits.

Le maire : Busquet.

7. — Lettre à M. Busquet

3 mars 1906.

Monsieur le Maire,

J'apprends qu'un arrêté récent interdit les processions sur le territoire de la commune. Je ne voudrais rien changer aux anciennes habitudes d'après lesquelles, le dimanche des Rameaux, avant la grand-messe, les fidèles se rendent processionnellement à la croix dominicale ; comme aussi, respectueux de la légalité, je ne voudrais pas enfreindre vos ordres. Je vous prie donc, monsieur le maire, de vouloir bien me faire savoir si, en interdisant le port des emblèmes religieux, vous avez voulu seulement viser les manifestations de la Jeunesse Catholique ou les processions elles-mêmes ?

Deux fois je suis venu chez vous demander une explication. Je n'ai pas eu le plaisir de vous rencontrer. Mme Busquet ne pouvant me renseigner, je suis contraint de formuler ma demande par écrit.

Veuillez agréer...

8. — Lettre à M. Lartigue curé de Saint-Clair

7 mars 1906.

MONSIEUR LE CURÉ,

Est-ce à vous, est-ce à moi qu'en veut M. Busquet ? En rédigeant un arrêté, atteignant nos deux paroisses, a-t-il voulu me sonder et voir ce que je ferais en face d'un texte ambigu, qui paraît interdire les processions en interdisant le port des emblèmes religieux ? Ou bien s'est-il simplement mépris sur les termes à employer et ne vise-t-il que le drapeau du Sacré-Cœur, arboré par votre Jeunesse Catholique ? On avait dit que le libéralisme de M. le maire s'était offusqué de le voir claquer flambant neuf dans les rues de Saint-Clair. Lui-même m'a déclaré, tout à l'heure, qu'il n'en voulait qu'à cet emblème... séditieux. Cependant je croyais, je crois encore que M. Busquet ne visait pas particulièrement votre manifestation de dimanche dernier et qu'il voulait surtout tâter le curé de Belmon : « En face de mon arrêté, devait-il marmotter dans sa barbe, que va faire mon petit curé ? » Le petit curé a répondu respectueusement à M. le maire par la lettre ci-jointe. Et maintenant M. Busquet commence à me connaître.

J'ai concerté ma réponse avec mes fabriciens, pour les associer à la défense des droits de leur paroisse. De plus, par eux, le village connaîtra ma conduite, sans qu'il soit possible de la dénaturer ; enfin j'ai pris occasion de l'incident, pour tâcher d'élever leurs pensées au-dessus de l'horizon borné de leurs besoins personnels et immédiats, en leur faisant sentir l'étroite solidarité qui lie le bien commun à la conduite de chacun. Le vote de députés lointains et inconnus a une répercussion douloureuse dans nos campagnes. Mais ce vote funeste, c'est l'étroitesse de vues de nos campagnards encore catholiques, qui l'a rendu possible : l'égoïsme des électeurs porte des fruits amers pour les électeurs eux-mêmes.

J'en étais-là, quand, hier soir, mes fabriciens, au nom de toute la paroisse, sont venus me prier de ne point tenir compte de l'arrêté... peu clair de M. le maire. Ils répondaient de l'ordre qui ne m'inquiétait pas du tout et du procès-verbal qui ne m'inquiétait pas davantage. « Voyez-vous, monsieur le curé, faut pas qu'on change nos habitudes comme ça. On a toujours fait la procession ; on la fera. » Curé et paroissiens avaient donc pris l'héroïque résolution d'ignorer la problématique interdiction. Comme Alexandre, Condé, Turenne, Napoléon, et autres grands hommes, à la veille des plus décisives victoires, je fus me coucher à l'heure ordinaire et dormis sans rêver ni persécution ni martyre.

Ce matin, tandis que dans le silence profond qui règne à la campagne sur les dernières heures des froides nuits de mars, tandis que tous mes gens, matineux l'été et dormeurs l'hiver, sommeillaient encore, seul debout, le curé entendait chanter dans son cœur les premières phrases d'un hymne d'action de grâces et remerciait Dieu de lui avoir fait apercevoir cette chétive aurore d'indépendance chrétienne, ce souci naissant de la liberté des consciences en face des pouvoirs oppresseurs !... Nous devions faire la procession, même malgré M. le maire !

Depuis quelques heures, je sais que nous la ferons avec son agrément, bien plus à sa requête expresse ; il nous dispense d'être héroïques. M. Busquet, qui n'assiste pas à la messe du dimanche, est venu à la cérémonie du premier vendredi du mois. Au premier coup de cloche, annonçant la messe du Sacré-Cœur, M. le maire est descendu de son coteau laïque et gouvernemental, jusqu'au fond du ravin qui nous sépare. Par les raccourcis glissants, il est remonté jusqu'au sommet du mamelon clérical. Au moment où j'allais mettre ma chasuble, j'eus la stupeur de voir entrer à la sacristie le premier magistrat de la commune.

« Monsieur le curé, j'apprends qu'une regrettable confusion a fait penser que j'interdisais la procession traditionnelle des Rameaux. Comment donc a-t-on pu croire qu'un maire républicain comme moi, respectueux de la liberté de conscience, ait eu la mesquinerie de gêner la célébration d'un culte quel qu'il soit ? » Et M. le maire de m'expliquer qu'il a interdit seulement de porter des emblèmes religieux dans les manifestations politiques d'un groupe de jeunes agités. Il me prie de prévenir mon auditoire et de bien lui expliquer le sens de son arrêté.

Je n'avais pas à défendre votre Jeunesse Catholique. « Je vous remercie, monsieur le maire, répondis-je simplement, de cette explication ; j'annoncerai, après la messe, que la procession de dimanche aura lieu comme d'habitude. » Pour bien s'assurer que ses intentions étaient fidèlement suivies, M. Busquet entendit la messe et le sermon, prit part, je pense, à l'acte de réparation fait au Sacré-Cœur pour tous les outrages de ses ennemis, et reçut pieusement la bénédiction... C'était édifiant et pourtant mes paroissiens ont eu le mauvais esprit de ne pas s'en édifier. « M. le maire a cané devant M. le curé », disait-on unanimement.

Parlons sérieusement. Voici deux mois que je suis à Belmon et plus je réfléchis, plus je me rends compte de cette vérité que votre vieille expérience vous fait considérer comme un axiome : « Les prêtres ne pourront rien pour sanctifier leurs paroissiens de Saint-Clair et de Belmon, tant que ces paroissiens subiront l'influence d'un homme tel que notre maire. Il incarne le génie du mal au milieu de nos populations, et, souple autant qu'arrogant, il emploie, au service de l'impiété, tous les moyens de tromperie ou de séduction, dont dispose une âme sans scrupule. L'incident, dont je vous entretiens, m'amène à penser que je devrai peut-être entrer en lutte directe avec M. Busquet, car il est peu probable que les difficultés futures s'applanissent aussi facilement. Je vous avoue que je suis préoccupé... Oh ! ne vous méprenez pas. Ce n'est pas que j'ai peur de lui, ni des ennuis qu'il peut me créer. Ce qui m'inquiète, c'est un scrupule d'une toute autre nature. Je suis le curé de M. Busquet et son âme m'est confiée au même titre que toutes les autres. Si je détruis son influence, il ne me le pardonnera jamais, et sa haine le perdra pour l'éternité... par sa faute, je le sais bien, mais tout de même, à l'occasion de la lutte que je mènerai contre lui. Et c'est terrible pour un prêtre que d'avoir à faire, presque sûrement, le sacrifice d'une âme ! Mais pour en sauver une, peut-être ! dois-je compromettre le sort de plusieurs autres ?

Aidez-moi de vos prières et de vos conseils.

Votre respectueusement dévoué en N.-S...

9. — Lettre au frère Clément

2 avril 1906.

Mon cher frère,

Je viens de visiter Canguise, la propriété de M. Dubreuil, le coin le plus ravissant de ma paroisse : une jolie maison blottie au bord de l'Ysette, dans un fourré de verdure.

Plusieurs fois déjà M. Dubreuil avait eu la bonté de m'écrire pour m'inviter à déjeuner. Je retardais l'acceptation au jour où M. l'abbé Delduc, proche parent de la famille, viendrait à Canguise. Mais les circonstances ont été si pressantes et la visite de notre ami remise à une date si éloignée, que j'aurais eu mauvaise grâce à refuser encore la politesse qui m'était faite.

Au défaut de M. l'abbé Delduc, on a invité pour me faire honneur, un autre cousin de M. Dubreuil. Devinez qui... ? M. Busquet, le propre maire de Belmon. Je me serais passé de ce commensal, mais je n'ai aucune raison de l'éviter... peut-être même, des relations personnelles sur un terrain neutre comme le salon de notre hôte, peuvent l'empêcher de mettre de trop grands obstacles à mon action pastorale. J'ai donc accepté.

Mlle Dubreuil est venue à ma rencontre jusqu'à la grille et m'a accueilli par une chaleureuse poignée de mains. J'en suis resté un peu interloqué, les congréganistes de Granville m'ayant habitué à plus de réserve. Mais Mlle Dubreuil ne, cache à personne qu'elle atteint la trente-troisième année. De plus elle n'a pas été élevée comme la plupart de nos timides jeunes filles. Orpheline à 7 ans, je crois, elle a passé quelques années chez les Dames Blanches ; mais sitôt sa première Communion faite, son père, qui était professeur au lycée de garçons de Granville, la plaça au lycée de jeunes filles. Mlle Dubreuil n'y resta que trois ou quatre ans. Depuis elle a vécu, associée, dans une mesure toujours grandissante, à la vie et même aux travaux professionnels de son père, jusqu'au jour où elle est devenue garde-malade. Je me demande quelle âme a pu former pareille éducation et si je dois compter cette jeune ou plutôt cette vieille fille parmi mes futurs auxiliaires.

M. Dubreuil m'attendait au salon dans le fauteuil, où ses rhumatismes tenaces — cause de sa retraite prématurée — le clouent la plus grande partie des jours et des mois. M. Busquet lui tenait compagnie. Comme je préfère à la splendeur physique, un peu vulgaire, de notre maire, la figure souffrante et fine de son cousin, avec ses grands yeux clairs qui vous regardent bien en face, pour vous y laisser lire toutes les impressions d'une belle âme qui n'a rien à cacher ! C'est une belle âme, en effet, qui m'a paru habiter ce corps malade. Sans doute M. Dubreuil est, comme nous disons entre nous, très universitaire. Il a le culte du Corps auquel il a appartenu. Sa conversation érudite sans étalage, élégante sans recherche, piquante avec originalité, a cette saveur spéciale aux élèves de l'École Normale Supérieure, quand ils ont bien pris le genre de la maison.

M. Dubreuil ne cache pas qu'il est un ferme républicain, encore épris de cette République qu'on croyait si belle... sous l'Empire ; de cette République idéale que, pendant quelques mois, en 1848, les curés avaient cru naïvement faire descendre du ciel sur la terre en bénissant les arbres de la Liberté. L'ancien professeur de philosophie de Granville avoue bien qu'on mit quelque naïveté dans les projets très sincères agités alors en faveur des classes populaires ; mais cette candeur de nos pères n'est pas pour lui déplaire, et il croit toujours qu'on peut et qu'on doit beaucoup attendre de la démocratie, pourvu qu'on prenne la peine d'en faire l'éducation morale... « et chrétienne », ajoute-t-il en regardant son cousin Busquet.

C'est à table que peu à peu les tours et les retours d'une conversation commencée par des compliments sur l'excellent potage dû aux soins de Mlle Dubreuil, avaient amené mon hôte à ces déclarations de principe. L'ancien universitaire, tout en confessant n'être pas dévot, proclamait devant son maire et son curé l'intégrité de sa foi et son opinion sur le crime de lèse-patrie, contenu, à son avis, dans tout attentat contre la religion traditionnelle de notre pays.

M. Busquet se récriait contre cette appréciation, et en tant qu'elle paraissait viser la loi de Sépara-

tion, tantôt plaidait non coupable, tantôt réclamait
des circonstances atténuantes : C'est le Pape qui a
commencé...; par opposition à la République, Pie X.
refusera la loi ; elle est pourtant libérale ; et puis
quel cadeau le gouvernement fait aux curés : il
leur laisse 400 millions de biens !

C'était à moi à répondre aux énormités de M. le
maire.

— Vous vous doutez que je ne manquai pas au
devoir... et au plaisir de la discussion. Le plaisir
était facile, car l'adversaire très affirmatif, n'est
pas fort ; une question précise sur la nature, le fon-
dement d'un grief qu'il enflait, suffisait à percer
l'outre formidable, et je sentais au sourire de mon
hôte et de sa fille que mon escrime ne déplaisait
pas : « Allez, monsieur le curé, ne ménagez pas
notre gros cousin, me disait tout bas Mlle Dubreuil. »

Je ne sais quelle impression j'ai produite sur
M. Busquet ; celle qu'il me laisse n'est pas favorable. Il fut jadis votre élève, ou plutôt l'élève de vos
Frères, et sa famille foncièrement chrétienne,
l'avait admirablement élevé. Tant de soins, de dévouement et de prières semblent avoir été inutiles. Dans cette tête pas une idée juste, pas un souvenir, pas une notion exacte des choses apprises
au catéchisme ; dans ce cœur, semble-t-il, pas un
désir de vrai bien ; la maudite politique et l'intérêt
ont stérilisé toutes les bonnes semences.

Tandis qu'après dîner, sur le perron, M. Dubreuil nous fait goûter les excellents cigares
qu'un ami, professeur dans une Université de
Hollande, lui a portés dans un de ses derniers

voyages en France, il nous parle de ce que fait pour le peuple le clergé de ce petit pays agricole, du rôle que sur les bords du Rhin jouent dans la population ouvrière les prêtres, disciples de Ketteler. A son point de vue, la Séparation, si injuste qu'elle soit, a le mérite de nous ouvrir, à nous prêtres de France, la même voie féconde.

Ce n'était pas à moi à souffler sur ces... beaux rêves ! Je fis quelques objections pour alimenter la conversation, aussi bien que pour ne point cacher mes légitimes appréhensions.

A mon départ, sous prétexte de me montrer le parc, Mlle Dubreuil pria M. Busquet de rester un moment encore avec son père et m'accompagna seule jusqu'à la porte : « Revenez voir papa, vous lui ferez plaisir ; il est souvent bien triste et je n'arrive pas toujours à le distraire. » Comme je paraissais hésiter : « Ne craignez pas de rencontrer chaque fois M. Busquet. » — « Oh ! je ne le redoute pas ; M. Busquet, vous l'avez vu, a été fort aimable pour moi ; nos idées diffèrent sur bien des points, mais je n'ai pas peur de la discussion. » — « Quand la discussion est possible, reprit-elle, malicieusement... Notre cousin ne sait pas grand chose ; papa ne l'aime guère ; mais c'est ici notre seul parent et nous ne pouvons l'écarter... »

J'interrompis l'entretien sur ce mot, en présentant mes hommages à mon interlocutrice. Je ne tenais pas à me laisser arracher, sur le compte de mon adversaire probable, une appréciation que j'aurais pu regretter un jour.

Voilà, mon cher frère, la seule relation mondaine de votre ami. Je tâcherai d'amener à une pratique plus fréquente des sacrements de l'Eglise cet infirme dont le cœur paraît si bien aimer l'Eglise, et en comprendre, sinon le rôle sanctificateur et surnaturel, au moins le rôle social et bienfaisant. Qui sait même si son influence n'arrivera pas à modifier quelque peu la mentalité de notre maire! J'ai peu d'espoir de ce côté-là, mais pour aucun de mes paroissiens, je ne dois négliger la moindre chance de salut...

Tout à vous en N.-S.

9. — Lettre à M. l'abbé Delmas

15 avril 1906.

Cher ami,

Je viens de recevoir la visite de Mlle Eulalie... ou plutôt de Mademoiselle tout court, dit-on ici comme on disait jadis à Versailles pour la fille de Monsieur, frère unique du Roy! Et dire que malgré tes conseils de prudence à l'égard de ce vicaire en jupons, aussi perpétuel qu'encombrant, je me suis laissé entortiller.

Que veux-tu? pouvais-je refuser le service qu'elle m'offrait? Après m'avoir reproché de la délaisser un peu trop, elle m'a prié de vouloir bien l'utiliser, comme l'ont fait mes prédécesseurs, pour

le chant et la propreté de l'église, qui laissent fort
à désirer. Fidèle à tes avis, je ne me prononçai
pas. Je remerciai mademoiselle de ses offres
pieuses, je la félicitai de son zèle pour la maison de Dieu et promis de réfléchir : *Vedrem*, dit-
on en cour de Rome, quand on veut refuser une
grâce.

Seconde manœuvre de mademoiselle : Elle a
quelques petites rentes dont elle pourrait faire
bénéficier le Denier du culte. Re-actions de grâces, -re-félicitations, re-promesses de réfléchir.
Re-Vedrem. Décidément je devenais diplomate.

Hélas ! Mademoiselle allait me montrer que je
n'étais pas encore mûr pour une prélature.

Elle se leva pour prendre congé et négligemment
me demanda la permission d'emporter les surplis
des clercs... Mon pauvre ami, le *Vedrem* n'était plus
de mise — les surplis sont dans un état déplorable — il fallait dire oui ou non tout de suite.

Je n'ai pas osé refuser... et voilà mon vicaire
réintégré dans la sacristie...

Tu fais les gros yeux. Mais pouvais-je rejeter de
telles avancés ? Non. C'eut été une déclaration de
guerre. Pourquoi tirer moi-même le premier coup
de canon ? Cette pauvre fille a bien le défaut de
confondre la gloire de Dieu avec sa petite vanité
personnelle, mais après tout elle est généreuse ; je
t'assure que ses petits revenus ne vont enrichir ni
sa modiste ni sa couturière, et quoiqu'elle eut fait
toilette pour visiter le nouveau curé, j'ai rarement
vu personne plus mal nippée. Et puis, il faut bien
le dire, si M. Busquet ne me fait pas peur, je ne

tiens pas à m'excuser aux coups de langue de ma pieuse paroissienne. Ils peuvent être mortels. L'ennui, c'est qu'elle va s'efforcer de me faire pratiquer et prêcher non pas la religion de Notre-Seigneur Jésus-Christ, mais sa religion à elle.; c'est bien le moins, puisqu'elle répare mes surplis !

Adieu, ne me gronde pas et prie pour moi.

10. — Lettre à M. Lartigue

1er mai 1906.

Monsieur le curé,

M. Busquet vient de commettre un acte odieux.

Il a fait appeler le bordier de M. Dubreuil et lui a proposé la médecine gratuite, s'il promettait de voter désormais pour le candidat du gouvernement.

Comme ce bordier est connu pour ses opinions conservatrices et religieuses, M. Busquet a demandé des garanties. En échange des remèdes payés aux frais des contribuables, il a exigé une obligation d'une centaine de francs, qu'il ne manquera pas de faire valoir, si la promesse verbale n'est pas tenue.

La misère est mauvaise conseillère ! Le malheureux bordier a consenti à tout pour soigner son père malade. Il n'est pas trop à blâmer, car l'héroïsme ne se commande pas et le sentiment filial excuse cette défaillance.

Mais ce Busquet, exploitant la misère de son semblable, comme il est répugnant ! Et je ne puis rien dire ! Les victimes ne demandent que le silence et puis, qui oserait s'aliéner mossieu le maire !

On le sait capable de tout ! On le croit influent à la préfecture, et on s'incline devant ce tyranneau, qui le 14 juillet a pourtant le front de parler de liberté. « On ne sait pas ce qui peut arriver ! » « On pourrait avoir besoin de M. le Maire. » C'est tout ce qui est possible de tirer des moins timides. Il en est d'autres qui n'oseraient même pas avouer qu'on peut avoir besoin de lui. La complicité de son silence leur est nécessaire pour certaines pratiques criminelles. Je vous assure qu'il m'est arrivé, deux fois, de pleurer amèrement ; d'abord quand j'ai appris que M. Busquet avait signé le permis d'inhumer pour le septième enfant et le sixième mort-né du gros fermier de la Blanchère, et la seconde fois, quand j'ai su de quoi avait péri la petite Mariette de la Tuilerie. Le père de la jeune fille et le mari de la femme qui a donné le remède fatal, ne voteront pas contre le maire complaisant qui a refusé de savoir ce que personne n'ignore. Après cela, rien d'étonnant que le suffrage universel soit le mensonge universel.

Mais à ce propos et sans vouloir faire la critique du clergé, je me pose une question : Avons-nous éclairé le peuple sur le rôle que la conscience doit jouer dans les élections ? Son ignorance n'est pas sans excuse devant Dieu, mais le pasteur, qui ne la combat pas, est-il à l'abri de tout reproche ?

Pardon de vous impatienter de mes réflexions. Je me suis laissé entraîner à vous dire ce que m'a suggéré l'inconcevable conduite de M. Busquet ; je n'avais, en prenant la plume, d'autre intention que de vous inviter à venir déjeuner mardi en compagnie de quelques amis.

Veuillez agréer, etc.

P.-S. — Vous n'êtes guère partisan de la presse, comme moyen d'apostolat. Je ne partage pas entièrement votre manière de voir sur ce point ; aussi je me suis mis à l'œuvre pour la diffusion du bon journal.

A mon arrivée, la *Croix* comptait, dans ma paroisse, quelques abonnements directs. Pour faciliter la vente, j'ai annoncé que désormais Léopold Dutil céderait le journal au numéro qu'on paierait le dimanche à la sortie de la messe. Je donnerai la petite *Croix* quotidienne pour 10 centimes par semaine. C'est la méthode belge. On m'a cité un curé du Hainaut qui, par ce moyen, distribuait, dans sa paroisse de 1.800 âmes, environ 60.000 numéros de journaux catholiques chaque année. Je n'espère pas arriver à un tel résultat ; mais déjà mes démarches ont gagné quatre lecteurs. Je voudrais obtenir que le bon journal pénètre dans la plupart des familles de ma paroisse.

11. — Lettre à M. l'abbé Delmas

3 mai 1906.

Mon cher ami,

L'apostolat et, en particulier, l'apostolat par la presse a été l'objet à peu près exclusif de notre dernière conférence: Nous avons tous reconnu son utilité, pour ne pas dire son urgente nécessité et immédiatement nous nous sommes mis à l'œuvre pour la diffusion du journal catholique. S'il eût été présent, notre confrère des Genêts n'eût pas manqué de modérer notre enthousiasme : « Cela ne se faisait pas autrefois et tout allait mieux... ; répandre un journal même catholique, c'est donner au paysan le goût de la lecture, qui l'amènera fatalement à goûter au fruit défendu et préparer presque sûrement son empoisonnement futur ; en tout cas, c'est pour un prêtre sortir de son rôle, en même temps que compromettre sa dignité. »

Heureusement, le Pape n'est pas de l'avis de notre vénérable confrère. Le bon journal, à ses yeux, est une mission perpétuelle. Tout de même, l'absence de contradicteur nous a peut-être empêchés d'examiner tous les aspects de la question. Il y a des difficultés sur lesquelles il n'est pas nécessaire de s'appesantir ; mais il en est d'autres sur lesquelles il faudra revenir ; elles ont trait au rôle du prêtre dans la diffusion du bon journal : comment assurer une distribution régulière ? comment intéresser le lecteur au journal qu'on lui propose ? Sur le premier point, j'estime, sauf meilleur avis, que le curé doit intéresser pécuniairement le vendeur au succès de la vente et ensuite l'aider par des démarches personnelles auprès des familles. Pour captiver le lecteur, le meilleur moyen est d'envoyer de fréquentes correspondances relatant les événements dont nos localités sont le théâtre. Sans doute, la discrétion est nécessaire. Inutile de dire à tout venant : « Vous savez, l'entrefilet paru dans la *Croix* de Granville, c'est moi qui l'ai rédigé. » Il faudrait même trouver un homme qui se chargeât habituellement de la besogne, et devant ses concitoyens, acceptât la responsabilité des correspondances. Cette mesure nous mettrait à l'abri de bien des ennuis.

Quant à moi, je m'exécute et dès dimanche prochain, Léopold Dutil, mon vendeur, a rédigé... en un charabia que le rédacteur voudra bien traduire en français, le récit de la noyade d'un enfant. Le même Léopold assistera aux réunions du conseil municipal et rendra compte des délibérations. M. Busquet ne sera pas content de cette indiscrète publicité. Mais il s'agit bien de lui faire plaisir !

Dimanche dernier, à l'issue des vêpres, j'ai rassemblé les chefs de famille qui voulaient participer au maintien du culte dans la paroisse. Mon appel a été entendu, puisque les quelques absents se sont fait excuser et ont promis « de faire comme feraient les autres ».

Les femmes, qu'il n'était pas possible d'admettre à

cause de l'exiguité de la salle, stationnaient devant l'église, impatientes de connaître les décisions prises.

« Vous voulez un curé pour desservir votre église, leur ai-je dit, et vous voulez que ce curé réside au milieu de vous ». Brouhaha confus qui traduit l'assentiment général.

« Puisque vous voulez un curé, il faut le faire vivre. Autrefois, l'Etat servait à tout curé un traitement de 900 francs. Depuis la loi de Séparation, il l'a supprimé, accordant une allocation temporaire seulement à ceux qui étaient en fonction le 11 décembre 1905. Ceux qui n'étaient pas curés à cette date, et c'est mon cas, ne reçoivent rien. Toutes les paroisses auront donc bientôt, ou ont déjà la charge de l'entretien du curé. Pour Belmon, il faut dès aujourd'hui vous organiser afin d'assurer mon existence. »

Un profond silence accueille mes paroles.

Mon petit discours est trop simple pour ne pas avoir été compris. Mais il faut mettre la main à la bourse et c'est une dure nécessité qui donne à réfléchir ! Peu à peu les langues se délient. On récrimine contre le gouvernement qui, en supprimant le budget des cultes, a oublié d'alléger les impôts. M. Busquet lui-même, mais discrètement, reçoit quelques coups de langue. Léopold Dutil, que ses fonctions de distributeur de la *Croix* rendent plus important, dépasse parfois la mesure. Je le rappelle doucement à l'ordre : « M. Busquet a certainement une part de responsabilité dans la loi de Séparation, puisqu'il défend la politique blocarde, mais nous n'avons pas à faire des personnalités. »

A l'approbation presque générale que reçoivent mes paroles, je comprends que les amis du maire sont nombreux et qu'il serait dangereux de laisser la conversation dévier. D'ailleurs nous étions réunis pour résoudre un problème nettement posé et non pour censurer nos édiles. Je ramène donc mon monde à la question, et comme personne n'a dit qu'on voulait laisser partir le curé, je considère comme acquis le premier point : la paroisse doit le faire vivre.

« Il faut trouver, ajoutai-je, une somme de 500 francs ; Monseigneur donnera le reste. »

Ces braves gens, si pratiques quand il s'agit de leurs affaires, semblent avoir perdu la tête. Les motions les plus extraordinaires sont présentées et dans toutes apparaît la secrète pensée d'esquiver la charge nouvelle. Le père Bertrand soutient qu'il faut faire une quête en dehors de la paroisse, auprès des familles riches. Cantarel, l'âme damnée de M. Busquet, assure qu'une pétition, adressée à la municipalité pour être transmise à M. le préfet, obtiendrait sans difficulté la somme nécessaire.

On discute chaudement la motion Cantarel. Certains insistent sur l'influence du maire à la préfecture et voient déjà un sauveur dans l'anticlérical qui nous gouverne. Les fabriciens, Lombard à leur tête, ne veulent entendre parler ni de M. Busquet ni de la préfecture. Il ont un mot touchant de fierté chrétienne : « On ne doit pas aller mendier auprès des ennemis de notre religion, un appui déshonorant et problématique, qui, d'ailleurs, ne serait accordé que dans un but politique. »

Peu à peu les têtes se montent ; les partis se dessinent, donnant, en petit, le tableau d'une séance à la Chambre. On divague avec autant d'entrain que nos députés. Peut-être même aurait-on fini, tout en étant d'accord sur les points essentiels, par ne plus s'entendre et surtout par ne rien décider, si je n'étais intervenu pour proposer ma solution.

« Puisque vous voulez tous un curé, il faut que vous participiez tous à son entretien, mais chacun proportionnellement à ses moyens. »

« Vous avez raison », reconnaît-on de toutes parts. Et Dutil, l'enfant terrible de la réunion, d'ajouter : « Même Busquet, sans quoi... » Lombard approuve hautement la menace de privation de culte dirigée contre le maire. Les autres fabriciens se mettent de la partie, tandis que le chantre croit devoir déclarer que M. Busquet fera probablement comme tout le monde ; il le connaît assez pour ne pas en douter.

« Je n'en doute pas non plus moi-même », ajoutai-je.

L'incident clos, je continue :

« Quelle est la base la plus rationnelle pour déterminer ce que chacun doit donner ? C'est l'impôt. Que chacun paie donc proportionnellement à l'impôt. »

Ces quelques mots sont comme un trait de lu—

mière. On se rallie à ma proposition. Quelques objections cependant sont formulées : « Certains ne paient presque pas d'impôts et néanmoins sont riches ; d'autres ont des dettes, etc. » Ma réponse est toujours la même : « Vous avez peut-être raison, mais trouvez un système meilleur. »

Au bout de peu de temps, l'entente se fait. Il est décidé que l'on versera 6 fr. 50 pour 100 francs d'impôts, et que les familles ne descendront jamais au-dessous de 5 francs, taux minimum. Toutefois je suis autorisé à exonérer partiellement ou totalement les familles indigentes.

Je sors de cette réunion vraiment réconforté. J'ai trouvé dans mes paroissiens une générosité que je n'osais espérer. Même ceux qui mangent volontiers du curé feront leur devoir. Ils ont une curieuse expression pour dire qu'ils tiennent à la religion : « Nous ne sommes pas des Arabes ». A leurs yeux, l'Arabe est le dernier des êtres parce qu'il manque de religion. Ils se trompent et je souhaiterais à mes paroissiens quelque chose de l'attachement du Bédouin aux pratiques religieuses. Toutefois, la pensée est bonne ; aussi, je les approuve fort de ne pas vouloir être des *Arabes*.

Je te tiendrai au courant des résultats obtenus par mon initiative. Peut-être, une simple quête aurait mieux valu ! Mais il m'a semblé que, dans les circonstances particulières où je me trouve, je pouvais tenter pour Belmon une organisation durable et sérieuse, consentie par mes paroissiens eux-mêmes.

Ton tout dévoué.

CHAPITRE II

Premières Escarmouches

12. — Lettre au frère Clément

5 juin 1906.

Mon cher frère,

Alea jacta est.

Oui, le sort en est jeté La brouille avec M. Busquet a éclaté. Depuis longtemps, j'avais le pressentiment de ce qui arrive. Il n'est pas possible à un curé, qui veut faire son devoir, de vivre en paix avec un tel homme. Mes deux prédécesseurs ont souffert, à cause de lui, tout ce qu'il est possible de souffrir dans une paroisse, et tous deux ont dû, de guerre lasse, demander leur changement.

Quelle sera l'issue du conflit ? Vais-je m'user dans une lutte stérile et, comme mes prédécesseurs, m'avouant vaincu au bout de quelques années, laisser l'ennemi plus arrogant que jamais ?

Je le crains, car pour me défendre je n'ai que les armes de la vérité, et ces armes sont bien faibles aujourd'hui contre le mensonge soutenu par toutes les forces des pouvoirs publics.

Bon gré mal gré, il faut accepter ce que je ne puis refuser. Je m'en console en me rappelant ce texte : *Christianus miles Christi.* Encore du latin pour vous dire ce que vous savez aussi bien que moi : Le chrétien est le soldat du Christ. Or le soldat est fait pour la lutte.

J'ajoute que je serais fort préoccupé, si je devais attribuer à une faute personnelle les hostilités futures et le mal qui peut suivre. J'ai conscience d'avoir tout fait pour maintenir la bonne harmonie. Dès lors, advienne que pourra.

En deux mots, je vais vous exposer le conflit. Monseigneur a donné l'ordre de prévenir les maires que la première messe serait supprimée partout où l'allocation autorisée par la loi ne serait pas maintenue.

M. Busquet a fait voter l'allocation, mais en imposant aux deux curés de la commune l'obligation de constituer des associations cultuelles, interdites par les Evêques jusqu'à la décision du Pape. C'est fort adroit de sa part, car il me met dans l'alternative ou de me révolter contre mes chefs, ou de soulever une querelle de gros sous. Comment faire comprendre à mes ouailles qu'en réclamant l'acquittement de la dette contractée par la commune pour la célébration de la première messe, je ne fais, ou plutôt Monseigneur ne fait que presser la collectivité communale de rendre à Dieu un culte social et public ? Rien ne saurait m'être plus pénible que la simple apparence de vues intéressées; rien ne serait plus scandaleux pour mon peuple. ni plus préjudiciable à l'œuvre d'éducation religieuse, morale et sociale à laquelle j'ai voué ma vie! Je ne puis pourtant pas déserter la lutte! A tout prix, je dois éclairer la population pour que chacun comprenne qu'entre M. Busquet et moi il n'y a pas contestation d'intérêts, mais uniquement opposition de principes.

Laissons de côté Belmon et son curé. Parlons un peu de vous. Cette fin d'année scolaire vous préoccupe, et vous vous demandez si la menace, suspendue au-dessus de votre tête par la loi contre les Congrégations, ne va pas s'abattre sur vous. Sans doute vous priez avec constance et vous espérez toujours et malgré tout. Mais le monceau de crimes, commis par la France, est si grand que la justice divine semble insensible aux plus ardentes prières. Il lui faut des victimes innocentes, et c'est vous, religieux et religieuses, les plus pures âmes de l'Eglise, qui recevez les premiers coups. Les innocents doivent payer la rançon des coupables.

Dieu ne vous abandonnera pas au milieu de vos épreuves. La voie vous semble peut-être obscure. Mais au moment voulu, un éclair subit illuminera la nuit profonde. Ayez confiance en notre Père céleste, qui veille sur nous, ses enfants, avec plus d'amour qu'aucun père terrestre.

Agréez, mon cher frère, l'expression de mon amitié la plus sincère et la plus dévouée.

13. — Lettre aux habitants de Belmon

8 juin 1906.

CHERS PAROISSIENS,

A partir de dimanche prochain, la première messe est supprimée dans la paroisse de Belmon.

C'est une mesure odieuse dont la responsabilité ne me revient pas.

Dès le commencement de mai, M. le maire a été prévenu que Monseigneur ordonnait la suppression de la première messe dans toutes les communes dont la municipalité ne maintiendrait pas, comme la loi le permet et comme la conscience l'exige, les allocations cultuelles antérieurement inscrites au budget.

Le Conseil municipal de Saint-Clair, réuni le 25 mai, a pris la délibération suivante :

« En prévision des allocations ou subventions pouvant être accordées aux ministres des cultes, *lorsqu'ils se seront soumis à la loi du 9 décembre 1905*, est maintenu, au budget additionnel de 1906 et au budget normal de 1907, le crédit de 450 francs précédemment affecté pour la somme de 250 francs à M. le desservant de Saint-Clair et de 200 francs à M. le desservant de Belmon. La répartition et l'affectation individuelle de ce crédit est réservée jusqu'à la constitution des associations cultuelles prévues par la loi. »

Le Conseil municipal m'impose donc l'obligation de me soumettre à la loi de Séparation et de former des cultuelles.

Une telle condition est *inacceptable*. Chacun sait qu'il ne dépend pas de moi d'accepter ou de rejeter la loi, mais des évêques et du pape, auxquels je dois une entière obéissance. On m'invite donc à me révolter contre mes supérieurs.

Une telle condition est *injuste*, car pour l'avenir, on me menace de ne pas me payer, et pour le présent, on me refuse le trimestre écoulé. Pour l'honneur de l'Eglise, autant que pour défendre les droits de mes successeurs et pour arrêter le pernicieux effet d'un mauvais exemple d'injustice donné par les représentants de la commune, j'ai le devoir de protester contre la décision du Conseil.

Enfin, cette condition est *arbitraire*. Rien dans la loi n'impose pareille exigence, comme le prouve l'exemple des municipalités de Saint-Urcisse, de Beauval, de Genêts, pour ne citer que les plus voisines.

C'est donc le Conseil municipal qui suspend la première messe en suspendant l'allocation.

Les conséquences d'une telle mesure seront :

Une gêne considérable pour vous qui tenez à assister aux offices le dimanche.

Une chance de moins de conserver un curé.

La fermeture possible de votre belle église.

Réfléchissez sérieusement. Dans votre droiture,

vous reconnaîtrez que je ne suis pour rien dans la mesure qui vous atteint.

Que le Conseil municipal paie le trimestre échu et retire sa décision, aussitôt la première messe sera rétablie.

Agréez, chers paroissiens, l'expression de ma profonde peine et de mon entier dévouement.

14. — Lettre à M. l'abbé Delmas

10 juin 1906.

MON CHER AMI,

Un coup de tonnerre dans un ciel serein! La première messe du dimanche est supprimée!

Le ciel de mes braves paysans était, au point de vue religieux, d'un bleu d'azur. Uniquement occupés de rentrer leurs fourrages, ils ne pouvaient soupçonner les louches manœuvres de M. Busquet. Ils ignoraient mes pourparlers avec M. le maire, les menaces de Monseigneur, la délibération municipale supprimant, tout en ayant l'air de maintenir l'allocation affectée au service religieux. Notre premier magistrat était lui-même pleinement rassuré sur l'issue de sa petite perfidie. Dans le texte de la délibération, catholiques et libres-penseurs pouvaient trouver leur compte.

Le ciel de Belmon était d'une limpidité parfaite. L'orage a éclaté aux deux offices de dimanche.

dernier. M. l'abbé Lartigue à Saint-Clair et moi-même à Belmon, nous avons annoncé la suppression de la première messe, à partir du dimanche 15 juin, en expliquant les raisons qui avaient imposé à Monseigneur cette grave décision et en faisant ressortir la duplicité de la municipalité.

Le coup de tonnerre, déjà étourdissant par son imprévu, a été rendu plus stupéfiant encore par la lettre explicative distribuée à la sortie des offices et dont je t'envoie un exemplaire.

Mes braves gens n'en revenaient pas : M. Busquet avoir fait cela! Et les têtes se montaient, et les sentiments s'exprimaient en un vocabulaire peu sélect. Le patois, dans les mots, brave l'honnêteté. Mlle Eulalie, elle-même, ne ménageait pas à M. le maire ses épithètes les plus aigres. Elle parlait de faire contre lui une manifestation immédiate. L'idée eut grand succès. On allait se mettre en route. Mais la prudence reprit le dessus.

L'inspiratrice du mouvement insinua que M. le maire devait être absent, laissant entendre sans trop le dire, qu'elle même avait vu son départ. On se rabattit sur Mme Busquet. La foule la chargea d'injures et de menaces, avec mission de les rapporter à son mari.

M. Busquet ne s'était pas absenté. Le récit de la manifestation et la lecture de ma lettre aux paroissiens le mirent dans une colère furieuse : on méconnaissait ses intentions! ce fourbe de curé trompait les gens! Etre attaqué dans une lettre publique, lui Busquet, c'était trop fort!

L'affaire en est là. Je suivrai, avec la plus grande

attention les mouvements de l'opinion, prêt à intervenir si c'est nécessaire. Je suis un peu étourdi moi-même par mon coup d'audace et je tâche de ne pas perdre la tête, car désormais les vaisseaux sont brûlés.

La guerre s'ouvre au moment où j'avais bien d'autres soucis en tête. J'allais t'écrire pour te demander de m'aider à créer une œuvre de mutualité. Tu le sais, je ne suis pas venu à Belmon avec l'intention de m'occuper pratiquement de sociologie, mais les circonstances m'ont conduit peu à peu à m'y résoudre.

Lucien Barthe vient de perdre une vache. Il est à l'aise et pourra quand même faire face à ses affaires. Cela ne l'empêche pas de sentir cruellement cette perte. Je lui ai demandé pourquoi il ne s'abonnait pas contre la mortalité du bétail. La réponse a été bonne : « Mais si nous nous abonnions pour tout ce qui court un risque, nous finirions par ne plus travailler que pour les autres. »

Depuis j'ai réfléchi. Le souvenir m'est venu de certaines œuvres permettant aux assurés de se passer des compagnies. N'as-tu pas fait un rapport sur cette question à la conférence d'œuvres du Grand Séminaire? Je te serais reconnaissant de m'indiquer les ouvrages à consulter.

A notre prochaine réunion, nous parlerons un peu de M. Busquet, mais beaucoup de la constitution d'une société d'assurance entre propriétaires de bestiaux. Si j'arrivais à tenir mes paysans par leurs bêtes, je tiendrais bientôt M. Busquet lui-même.

Ton tout dévoué.

15. — Lettre à Mlle Dubreuil

12 *juin 1906.*

Mademoiselle,

Je vous remercie des livres que votre amie a bien voulu demander pour mes paysans, à la *Bibliothèque Populaire de Paris* et que le courrier m'apporte à l'instant. Certaines jeunes filles et quelques jeunes gens ont un besoin passionné de lire. Je rencontre parfois des bergers derrière leurs moutons ou leurs bœufs, un livre à la main. Ils lisent tout. Merci de me mettre en état de leur offrir du bon. Votre amie doit être pieuse ; le choix qu'elle a fait le prouve... Me serait-il permis de transmettre humblement et délicatement une prière à ma lointaine bienfaitrice ? La prochaine fois, aux livres pieux, pourrait-elle joindre quelques bons livres plus profanes ? de ces livres que l'on peut laisser traîner, l'hiver, sur la table de famille à portée de la main alors désœuvrée des vieux et des jeunes. Ni les uns ni les autres ne prendront le *Pensez-y bien*, mais ils dévoreront un bon roman, ou un livre d'histoire passionnant : que de leçons on pourrait faire entendre et conter ainsi !

Votre amie est pieuse... Mademoiselle, vous excuserez ma liberté sacerdotale si, en reconnaissance de ce que vous faites pour ma paroisse, je profite de l'occasion pour vous dire, moi que Dieu a chargé de votre âme, que vous ne l'êtes pas assez. Il y a déjà quelque temps, cette parole me brûlait les lè-vres. J'ai failli vous la dire hier soir après les con-fidences dont vous m'avez honoré ; l'appel de votre père, vous obligeant à remonter dans sa chambre, ne vous a pas donné le temps d'entendre ma ré-ponse. Je saisis l'occasion de vous la donner par écrit.

Depuis les quelques mois que je vous connais, j'ai eu souvent l'occasion d'admirer les dons que Dieu vous a prodigués, non seulement quand je suivais intéressé votre conversation en appa-rence enjouée et au fond si sérieuse, mais surtout quand j'apprenais des pauvres et des malheureux que vous jouiez, dans ma paroisse, le rôle d'une vraie sœur de charité. Non contente de soigner votre père, vous vous prodiguez à tous les mal-heureux, allant chez eux soigner leurs plaies, dis-tribuant aux convalescents, aux jeunes mères les remèdes et le vin vieux de Canguise, lavant les en-fants malades, les berçant et les endormant, et tant d'autres choses que j'ai sues, quoique vous ne me les ayez pas dites...

Il y a aussi d'autres choses que j'ai sues sans que vous m'en parliez et qui m'attristent pro-fondément. Vous si bonne, vous fille d'un père qui est un si ferme croyant, vous semblez ne pas avoir la foi. La religion, on le sent dans votre conversa-tion, satisfait, en bien des manières, votre sens esthétique ; elle le choque parfois ; sa doctrine vous semble une heureuse invention pour contenir les passions populaires... Mais est-elle vraie? Y a-t-il même une vérité? c'est la question que n'ont pas prononcée vos lèvres, mais que j'ai lue dans vos yeux.

Aussi, je ne vous cache pas mon émotion, hier soir, quand, vous attardant volontairement dans les allées à travers lesquelles vous me reconduisiez, vous avez commencé à me dire que vous souffriez depuis longtemps, que vous souffriez des exigences de votre père malade, des rêves de bonheur que vous avez sacrifiés pour ne pas vous séparer de lui, et qui, tout sacrifiés qu'ils soient, s'acharnent à ne pas mourir, de la terreur de cet avenir... qui vous promet de vieillir seule sans but à votre vie. Je vous ai laissé dire, parce que vous aviez besoin de parler de tout cela, mais vous n'avez pas tout dit et j'ai bien compris qu'il y a dans votre âme une autre peine, une autre lutte, une autre terreur, la peine de vous demander si cette vie n'est pas une cruelle plaisanterie d'un Dieu mauvais, la lutte des ténèbres dont votre âme est remplie contre la lumière qui veut l'ennoblir, le regret de la foi perdue, la terreur de vivre dans un monde méchant et incompréhensible dès qu'on ne croit plus, dès qu'on ne s'abandonne plus à cette providence aimante, paternelle, qui seule donne à notre existence un sens, une raison d'être. Mademoiselle, j'ai moins reçu que vous ; fortune, intelligence, bonté, rien ne vous manque en fait de dons naturels. Mais j'ai ma foi et malgré l'obscurité qui m'environne ou les peines qui me tourmentent, je marche vers la lumière et

dans la paix. Dieu m'a fait pour lui ; il ne me perd
pas de vue ; il m'attend au terme de ma course,
alors je verrai et je serai heureux. Tournez vos
yeux vers cette lumière, mademoiselle ; vos sacrifices vous paraîtront plus légers et votre avenir
moins sombre : toujours votre vie aura un but.

Il me paraît impossible qu'en réfléchissant bien
sur vous-même, vous ne vous rendiez pas compte
de cette vérité. Malgré des troubles apparents,
votre foi en un Dieu créateur et providence,
en un Dieu qui vous a faite et ne peut être moins
bon que vous et qui par conséquent vous connaît
et vous aime, n'est pas sérieusement atteinte. Vous
le croyez, vous le savez, vous le sentez même, au
point que toute votre âme vous porte vers ce Dieu
Père ; vous pouvez donc prier. Priez, mademoiselle, humblement, filialement, pour que la lumière
grandisse, et à mesure qu'elle grandira, ne péchez
pas contre elle ; suivez-la.

Je prierai pour vous. Veuillez, mademoiselle,
présenter mes hommages à M. votre père et me
croire votre très respectueusement dévoué en
Notre-Seigneur.

16. — Lettre à M. Lartigue

17 juin 1906.

Monsieur le curé,

Je vous communique la lettre que m'écrit à l'instant M. Busquet. Veuillez ne pas tarder à me donner votre avis.

« Monsieur le curé,

« En réponse à votre lettre, je ne puis que maintenir ce que je vous ai dit verbalement : 1° Que la somme de 200 francs étant inscrite au budget, vous n'aviez pas à supprimer la première messe ; 2° que, sous une *rubrique quelconque* et dès que le budget serait approuvé, je vous mandaterais. Cela vous ne pouvez le nier ; j'en ai toujours pris devant vous l'engagement formel.

« Cependant, malgré tout, vous avez supprimé la messe, me mettant ainsi dans l'impossibilité de vous mandater. Je viens de recevoir une lettre de M. le préfet me disant de vous demander d'assurer le service de la première messe. La somme inscrite au budget doit être portée sous la rubrique : « Allocation aux ministres des cultes. »

« Vous me dites que vous agissez par ordre de l'Evêque. Je trouve extraordinaire qu'il y ait deux poids et deux mesures ; car comment se fait-il que dans le canton de Clermon, vos confrères disent la première messe et cependant ne reçoivent aucune allocation des municipalités ?

« Si réellement vous tenez à aplanir les difficultés qui existent, vous n'avez qu'à reprendre le service de la première messe.

« Veuillez agréer, monsieur le curé, l'assurance de toute ma considération.

« J. Busquet,
« *Maire de Saint-Clair.* »

17. — Lettre à M. Lartigue

27 juin 1906.

MONSIEUR LE CURÉ,

Nous sommes violemment pris à partie dans un écrit distribué par M. Busquet. A l'instant, Léopold Dutil m'en apporte un exemplaire, que je m'empresse de vous communiquer.

Notre adversaire paie d'audace. Il me semble que nous ne devons pas nous laisser intimider et qu'une réponse immédiate s'impose pour rétablir les faits par trop dénaturés.

Je viendrai demain examiner avec vous la situation et vous soumettre un projet de réponse.

A bientôt.

« AUX GENS DE BONNE FOI,

« M. D..., curé de Belmon, a fait distribuer une circulaire dans laquelle il vous fait entrevoir que le Conseil municipal a supprimé l'allocation de la première messe.

« Je proteste énergiquement contre cette affirmation fourbe autant que mensongère.

« L'allocation a été votée par la majorité du Conseil municipal ; pour s'en convaincre il suffit de lire la délibération de la session de mai.

« Dans une lettre récente que j'écrivais à M. D..., je lui garantissais le paiement de la première messe après l'approbation du budget. Les crédits n'étant pas pour le moment disponibles, je le priais d'attendre, l'assurant qu'on lui paierait deux trimestres à la fois.

« Pour toute réponse, le dimanche suivant, les deux curés de la commune annonçaient la suppression de la première messe, rejetant la responsabilité sur la municipalité.

« Au nom du Conseil municipal tout entier, je flétris cette manœuvre faite dans un but inavouable.

« Si M. D... et son collègue de Saint-Clair se considèrent comme des ouvriers, quel est celui qui gagnant 6 francs à l'heure, cesserait son travail après avoir été assuré d'être payé?

« Messieurs les curés peuvent aller de porte en porte répandre la calomnie et écrire dans la *Croix* les mensonges les plus vils, je répète bien haut que la suppression de la première messe est imputable à eux seuls.

« Je suis à la disposition de quiconque voudra contredire mes affirmations, fussent messieurs les curés eux-mêmes, en réunion publique.

« Agréez, mes chers concitoyens, l'assurance de mon dévouement.

« J. Busquet,
« *Maire de Saint-Clair.* »

18. — Réponse à M. Busquet

29 juin 1906.

MONSIEUR LE MAIRE,

Votre circulaire au sujet de la suppression de la seconde messe, appelle une réponse. Je voudrais la faire respectueuse pour vous, mais, si les termes polis me manquent pour traduire les dures vérités qui jailliront de l'évidence des faits, vous ne m'en voudrez pas de vous emprunter vos propres expressions.

Vous dites : *M. D... a fait entrevoir dans sa circulaire que le Conseil municipal a supprimé l'allocation de la première messe.*

Je n'ai jamais avancé pareille chose, Monsieur le maire. J'ai seulement affirmé, comme c'est la vérité, que l'allocation était soumise à une condition inacceptable et réservée dans son affectation. Pour vous en convaincre, relisez la circulaire à laquelle vous faites allusion. Vous y trouverez que « le Conseil municipal a voté l'allocation de la seconde messe, en m'imposant la constitution d'une association cultuelle, ce qui est une condition inacceptable, injuste et arbitraire », et par conséquent qu'il « suspend la seconde messe en suspendant l'allocation. »

Vous voilà pris en flagrant délit d'inexactitude. Dès lors c'est à moi qu'il appartient de « protester énergiquement contre votre affirmation fourbe autant que mensongère. »

Vous ajoutez : M. D... *a supprimé la seconde messe quoique « je lui en ai garanti le paiement »*.

Mais, monsieur le maire, si, comme dans les communes voisines, vous aviez laissé les choses dans l'état où elles étaient, vous n'auriez eu rien à me garantir et vos administrés ne seraient pas devenus la risée du département.

En outre, vous êtes trop au courant des affaires pour ignorer que votre garantie est sans valeur au point de vue légal, parce qu'elle est en opposition avec une délibération qui vous lie. Par conséquent, lorsque vous présentez comme suffisante cette garantie que vous savez nulle, vous essayez de tromper les gens de bonne foi et vous vous rendez volontairement coupable d'une seconde inexactitude.

Je pourrais encore relever une autre erreur au sujet du gain de 6 francs par heure dont vous parlez malicieusement. Tous mes paroissiens savent que je ne gagnais rien à la célébration de la seconde messe, parce que l'allocation était comprise dans la somme que devait fournir la paroisse pour conserver un curé. Votre incompréhensible ignorance des affaires paroissiales rend votre erreur excusable, mais va coûter cher aux habitants de Belmou qui, sans diminution d'impôts, auront, par votre faute, à refaire l'allocation, s'ils ne veulent pas que leur église soit fermée.

Vous avez affirmé, à la fin d'un banquet public, que l'autorité diocésaine vous avait donné son approbation, et par conséquent m'avait blâmé.

M. le vicaire général, par la phrase suivante, extraite d'une lettre qu'il m'écrivait le 4 juin 1906, vous inflige un démenti formel :

« Nous approuvons entièrement votre conduite au sujet de la seconde messe, parce qu'elle est conforme aux instructions que nous vous avions données. »

Même après un banquet, monsieur le maire, il n'est pas permis de ne pas savoir ce qu'on dit et de prêter aux autres un langage qu'il n'ont pas tenu.

Voilà donc trois ou quatre inexactitudes bien caractérisées. Et c'est là-dessus que vous vous basez pour dire « bien haut que la suppression de la seconde messe est imputable à messieurs les curés et non au Conseil municipal » ! Il faudra le répéter encore plus haut et surtout le prouver un peu mieux pour qu'on le croie.

Quand à la réunion contradictoire que vous me proposez, je me garderai bien de l'accepter, car si vous vous sentez capable de faire accepter pour des vérités les trois évidentes inexactitudes relevées contre vous, il faut que vous ayez un talent oratoire auquel il serait dangereux de s'attaquer.

Toutefois, ne croyez pas que je me dérobe. Nous causerons, si vous voulez, par écrit. La discussion ne peut que gagner en sérieux et en clarté.

Afin de bien vous montrer que je n'ai pas peur de la discussion, je me permets de vous poser les deux questions suivantes :

1° Pourquoi n'avez-vous pas fait comme les maires des communes voisines ?

2° Qui a été l'instigateur du vote municipal?

En attendant votre réponse, et ne voyant en vous que le représentant d'une population profondément catholique, je vous prie d'agréer l'expression de l'entier dévouement que je lui porte.

A. D...
Curé de Belmon.

19. — Lettre à M. Lartigue

5 juillet 1906.

Monsieur le curé,

Nous nous félicitons du résultat produit par notre lettre, puisque nous avons fermé la bouche à M. Busquet, en instruisant nos populations. Si nous avions gardé le silence, notre adversaire aurait présenté les choses à sa façon et nous aurions été à la fois victimes et blâmés.

Ce système a du bon. Ne devrions-nous pas tout faire pour gagner l'opinion à notre cause? Avec elle, nous sommes forts; sans elle et surtout contre elle, nous ne pouvons rien.

Le journal peut nous servir; chaque semaine, la *Croix* cite les faits et gestes de M. Busquet. Amis et ennemis la lisent.

Mais le couvert du vendeur-correspondant me paraît insuffisant.

Certains reconnaissent dans ses articles une plume plus exercée que la sienne et soupçonnent mon intervention. Avoir l'air de me cacher et de craindre M. Busquet me répugne. D'ailleurs diverses questions, qu'il faut traiter nécessairement, ont un caractère trop exclusivement local pour paraître dans la *Croix*, malgré la complaisance du directeur.

Il me faudrait une feuille de chou bien à moi, dans laquelle paraîtrait sous ma responsabilité et par conséquent avec ma signature, tout ce que je voudrais communiquer à mes paroissiens.

Pour réaliser ce projet, j'aurais l'intention d'acheter une machine qui me permettrait de polycopier moi-même mon petit bulletin.

Ce sera sans doute moins bien que l'imprimerie, mais j'aurai le double avantage d'économiser beaucoup et d'avoir ma feuille au jour et à l'heure voulus.

N'allez pas croire que je veuille délaisser le bon journal. Il fait son œuvre, et il serait maladroit de lui substituer une feuille dont le succès est incertain. Il y a place pour les deux.

M. Busquet ne va pas être content. Déjà mon audace à lui répondre l'a déconcerté et m'a valu le qualificatif d'agitateur. De quelle épithète va-t-il me gratifier, lorsque mes petites feuilles relèveront ses mensonges au fur et à mesure qu'il les débitera.

Que pensez-vous de mon projet ? Vous connaissez bien la population, mon adversaire et mon tempérament. Ferai-je œuvre utile ?

Recevez...

20. — Lettre au frère Clément

15 juillet 1906.

Mon cher frère,

Vous avez appris par télégramme le deuil qui vous frappe. Vous êtes maintenant orphelin et votre mère est allée au ciel rejoindre ceux que vous aviez déjà perdus. Je n'ai pas besoin de vous prodiguer les consolations spirituelles. Notre dogme de la Communion des Saints réconforte les âmes éprouvées, puisqu'au ciel on se retrouve.

Je voudrais vous décrire les derniers moments de votre mère, car vous désirez savoir comment celle que vous pleurez s'est préparée à paraître devant Dieu.

A mon arrivée à Beaulieu, je me rendis auprès de la malade dont je vous avais fait connaître l'état alarmant. Quoique souffrant beaucoup par suite de l'enflure et respirant péniblement à cause des battements irréguliers du cœur, votre mère m'accueillit avec un aimable sourire. Prenant ma tête entre ses mains, elle m'embrassa en me disant : « Il me semble que je revois mon fils. Tu lui diras, lorsque je ne serai plus de ce monde, que je t'ai embrassé pour lui. »

Elle aurait été si heureuse la pauvre femme, de vous voir à ses côtés ! Mais elle s'est résignée lorsque je lui ai dit que votre maladie vous clouait comme elle sur un lit de douleur et que le médecin ne vous permettait pas de quitter la chambre. L'un et l'autre vous avez beaucoup souffert de la cruelle séparation, imposée au moment même où la vue de ceux qu'on aime est plus précieuse que jamais.

Tandis que le visage de votre mère respirait la sérénité au milieu de l'épreuve, j'avais peine à retenir mes larmes. Je suis resté quelques moments sans pouvoir parler. Enfin, dominant un peu mon émotion, j'essayai de lui donner quelque espoir. « Non, me dit-elle, cette fois je le sens, je suis perdue. Mais il ne faut pas s'attrister. Ma mort ne laisse personne dans l'embarras. Clément et toi serez seuls à me regretter. Je ne vous abandonnerai pas. » Et voilà qu'elle me parla de sa mort, de la préparation qu'elle voulait commencer immédiatement et même de ses dernières volontés.

Nous causâmes longuement, plus longuement que ne le permettaient ses forces défaillantes. Dans toutes ses paroles apparaissaient la joie de ma présence et le regret de ne pas vous avoir à ses côtés pour recevoir son dernier soupir. Il fut réglé qu'elle se préparerait, pour le lendemain, à recevoir les derniers sacrements.

Au point du jour, j'étais de nouveau à son chevet. La nuit avait été agitée, les forces diminuaient sans cesse et l'enflure montait sensiblement. Evidemment, il n'y avait plus d'espoir ; il fallait profiter des dernières lueurs de raison pour l'accomplissement des devoirs religieux.

« Je vais chercher M. le curé », lui dis-je. « C'est inutile, reprit-elle, tu vas me confesser. »

L'émotion de la veille me gagne aussitôt plus forte et plus douce. Je me laisse faire et j'écoute sans pouvoir prononcer une parole, pas même réciter les prières prescrites au confesseur pour attirer les bénédictions de Dieu sur le pénitent. Impossible d'arrêter mes larmes, de dissimuler mon trouble.

La confession se déroule lente, méticuleuse, pénible, coupée de longs arrêts nécessités par la souffrance.

Comme j'admirais la foi ardente de votre mère, ne voyant plus en celui qui recevait ses aveux, l'enfant qu'elle avait tant connu, mais seulement le représentant du Dieu qui pardonne! J'ai senti vivement la grandeur du sacerdoce, comme au jour de ma première messe.

La voix faible de votre mère avait cessé de se faire entendre et je n'étais pas encore parvenu à me ressaisir. « Tu me refuses donc l'absolution, me dit-elle en souriant. » Sans répondre, je lève la main pour faire sur elle le signe de la croix, en même temps que par un effort suprême je murmure les paroles de pardon. Puis je quitte la chambre pour aller dans une autre pièce pleurer tout à mon aise.

J'étais si jeune lorsque j'ai perdu ma mère que je n'en ai conservé aucun souvenir. Mais il me semble qu'elle aussi dût s'éteindre, comme la vôtre, doucement, pieusement, en vraie sainte.

Lorsque peu après, j'apportai l'Eucharistie, la malade, par un héroïque effort, voulut s'asseoir sur le lit, mais aussitôt elle retomba, impuissante à se maintenir. Que vous dire de cette communion en viatique ? Les anges seuls pourraient rivaliser de ferveur.

Je restai longtemps auprès de la mourante, m'unissant de mon mieux à ses prières et attendant qu'elle sortît de son extatique adoration. Lorsque l'action de grâces fut terminée, elle m'appela et me dit d'une voix faible : « C'est le moment de me donner l'Extrême-Onction. » J'avais tout apporté; en un instant je fus prêt.

Votre mère répondit elle-même, quoique péniblement, aux prières, avec une ferveur angélique et une sérénité sublime.

La cérémonie terminée, je ne pus encore me résoudre à partir. Ni l'un ni l'autre ne parlions, mais dans ce silence nos âmes se comprenaient et se sentaient heureuses.

Le mal s'est subitement aggravé vers le soir ; l'enflure, montant toujours, rendait plus pénible la respiration déjà gênée. Vers 8 heures son intelligence si vive a sombré. Des éclairs de raison ont réapparu de temps en temps dans la nuit ; je sentais proche le dénouement fatal.

A 2 heures, la respiration était devenue si faible et si pénible que je m'approchai du chevet, attendant le dernier râle. Par un mouvement conscient ou instinctif, votre mère me prit la main et la serra fortement, comme pour me témoigner une dernière fois son affection. Puis, tout d'un coup, le souffle cessa ; elle était partie pour le ciel.

J'ai rempli auprès de votre mère tous les devoirs qui vous revenaient et dont vous ne pouviez vous acquitter. Ma pensée, durant les préparatifs funèbres et les obsèques, a été constamment partagée entre vous et la chère défunte.

Unissons maintenant nos prières et nos regrets. Vous perdez votre mère et votre douleur est vive. Je perds une amie qui remplaçait ma mère par l'affection et le dévouement.

Du haut du ciel, où elle a déjà reçu la récompense de ses vertus, elle nous protègera toujours!

Recevez...

21. — Lettre à M. Delmas

15 juillet 1906.

Mon cher ami,

Je crains bien de m'être aliéné mon vicaire féminin.

Hier, Mlle Eulalie est venue me présenter une prière dont l'efficacité est souveraine, à condition de la réciter neuf jours de suite et de l'envoyer à neuf autres personnes qui devront en faire autant. Quiconque refuse de la réciter et de la propager est certain d'être puni dans sa personne, sa famille ou ses biens. Cela s'appelle la boule de neige.

J'ai patiemment écouté une homélie pleine d'onction et d'insinuante éloquence. La bonne demoiselle ne doutait pas de son succès et de mon acceptation. Tu jugeras du coup de théâtre, lorsque j'ai formulé un refus catégorique, appuyé, *in quantum possum,* d'une défense de la répandre et corroboré par l'annonce d'une monition en chaire.

Peut-être ai-je été trop brusque ! Un peu plus de diplomatie aurait abouti sans froissement au même résultat. J'ai suivi le premier mouvement et le mal est fait. Quelle idée ai-je donné de ma piété à la dévote Eulalie ! Je tâcherai de tout réparer en expliquant en chaire en quoi consiste la véritable dévotion.

M. Busquet, un moment désemparé par mes circulaires, semble se ressaisir. Il ne parle pas, mais il agit. Ayant appris la constitution de ma petite société contre la mortalité du bétail, il en a pris ombrage. J'ai su par Lucien Barthe que deux propriétaires n'ont pas osé nous donner leur adhésion, de peur d'être privés de la médecine gratuite. Pourtant M. Busquet ne peut m'accuser de poursuivre un but intéressé, puisque je suis simplement secrétaire de la société et mes services sont gratuits. Aussi M. le maire répand-il seulement le bruit que ma société ne pourra durer, qu'il formera bientôt lui-même une caisse mieux comprise et plus utile.

Cela ne me décourage pas, au contraire. M. Busquet crie ; donc j'ai touché juste. Sans intervenir personnellement, je pousse mes premiers sociétaires à une propagande active. Lombard semble avoir bien pris à cœur le succès de l'œuvre dont il a été nommé président. Il a saisi ma pensée et voit, dans la formation de cette société, non seulement le bien matériel qu'apporte l'assistance mutuelle, mais le bien moral et la force qu'on pourra utiliser en faveur de la cause catholique.

La machine à polycopier est arrivée, et, dès dimanche, je vais m'en servir. M. Busquet ne pourra plus prétendre que les curés sont ennemis du progrès, puisque j'introduis ici un organe très moderne d'instruction populaire.

Je serai critiqué dans ma paroisse. Mlle Eulalie ne sera pas la dernière à blâmer mon entreprise ; ce sera le juste châtiment du refus de la boule de neige ; les partisans du maire, parmi lesquels mon chantre, feront chorus avec elle. Mais peu à peu les critiques tomberont ou ne viendront que de ceux qui ont peur de la vérité.

Au-dehors, que dira-t-on ? Je m'attends à des dénigrements là même où la seule confraternité d'armes devrait me valoir des encouragements. Mais j'ai pris mon parti des coups d'épingle : « Aime Dieu et va ton chemin ». N'est-ce pas une belle devise qu'un prêtre surtout ne doit pas oublier ?

Ton tout dévoué en Notre-Seigneur.

CHAPITRE III

La Lutte

22. -- Informations paroissiales

22 juillet 1906.

Pourquoi ces feuilles ? — Pour vous instruire et me défendre.

Désormais, j'en ferai distribuer de semblables à la sortie de la messe, lorsque j'aurai une communication importante à vous faire. Bien des choses ne peuvent être dites en chaire, parce que l'usage ne le permet pas, ou parce que je pourrais tomber sous le coup de certaines lois.

Cependant, ce qui concerne vos intérêts spirituels et même parfois matériels doit être porté à votre connaissance d'une manière rapide et sûre. Par ces feuilles, j'obtiendrai ce résultat. J'userai de ce moyen, comme tout citoyen peut le faire, parce que, hors de l'église, je suis dans le droit commun.

Je m'abstiendrai autant que possible de faire des personnalités, mais si pour défendre les intérêts religieux qui me sont confiés, ou rétablir la vérité indignement travestie, j'étais obligé de pren-dre quelqu'un à partie, je n'hésiterais pas ; j'appor-terai toujours dans l'exposé des faits la scrupu-leuse sincérité et l'entière charité dont un prêtre ne doit jamais se départir, même quand on use con-tre lui des armes les plus déloyales.

Seconde messe. — Si la seconde messe a été sup-primée, la responsabilité revient tout entière à la municipalité. Celle-ci savait à quoi elle vous expo-sait, puisque j'avais moi-même prévenu M. le maire. Rien ne lui imposait l'obligation d'attendre, pour le paiement de l'allocation, « que je me sois soumis à la loi du 9 décembre 1905 ».

Remarquez la condition ; ce n'est point, comme on l'insinue, une question d'argent qui est en cause. Sans doute, je ne suis pas riche ; mais le simple refus d'une somme aussi modique n'aurait jamais décidé Monseigneur à vous priver d'une messe, si la délibération du Conseil municipal de Saint-Clair n'avait une signification particulière.

Supprimer ou suspendre l'allocation communale, alors que la loi n'en fait pas une obligation, doit être considéré comme un acte d'hostilité envers l'Eglise. Il importe de démasquer ces adversaires de notre foi aux yeux des populations intéressées.

A vous tous, si vous désavouez vos représen-tants, d'exiger par vos réclamations le retrait de la délibération municipale. Si vous négligez de fai-re le possible pour l'obtenir, c'est que vous tenez peu à la célébration de la messe matinale du di-

'manche. Dès lors vous n'avez pas à vous plaindre de sa suppression.

M. le maire, me mettant directement en cause, m'accuse d'être un homme d'argent. Je ne me défendrai point. Vous me connaissez assez et vous ne laisserez pas déplacer la question. Je dois obéir à mes supérieurs. A moins d'être un prêtre révolté, je ne puis ni maintenir la première messe, ni constituer des cultuelles.

Le Conseil municipal, il est vrai, semble avoir compris l'erreur commise dans sa première délibération et regretter de m'avoir mis dans l'obligation de choisir entre ma conscience et mes intérêts. Pour s'excuser, il a prétendu se trouver dans la nécessité de réaliser des économies. L'économie, obtenue par la suppression de l'allocation cultuelle, représente 0 fr. 10 par habitant. Il sera permis de penser qu'on pouvait faire des réductions plus importantes et surtout plus justifiées.

Je suis surpris d'apprendre que, depuis quelques jours, M. le maire affirme n'être pour rien dans la décision concernant la première messe. Je ne puis croire que ce magistrat veuille rejeter, sur les seuls membres du Conseil, l'odieux d'une mesure qui vous blesse profondément. Ne serait-ce pas le contraire? car les représentants de Belmon sont des catholiques pratiquants, et d'eux-mêmes ils n'auraient jamais pensé à insérer, dans leur délibération, la moindre restriction. Du reste M. Busquet n'a pas hésité à donner sa signature; il a donc au moins sa part de responsabilité.

Caisse d'assurance contre la mortalité du bétail.
— Certains seront peut-être étonnés de voir que je m'occupe de vos intérêts matériels. Rien de plus naturel cependant.

Un curé a des loisirs ; son instruction est, sinon supérieure, au moins égale à celle de ceux qui l'entourent. Son désintéressement n'a pas à craindre de comparaison. Dès lors il peut vous venir en aide.

C'est ce que j'ai essayé de faire, en formant une société d'assurance contre la mortalité du bétail.

Les bestiaux constituent votre principale richesse. Qu'un bœuf, un cheval, etc., vienne à périr, c'est une perte dont vous ressentez longtemps les conséquences.

En vous unissant, vous pouvez les rendre moins désastreuses.

Déjà cinq propriétaires, dont l'honorabilité est reconnue de tous, ont donné leur adhésion ; ce sont : MM. Antoine Lombard, Joseph Caminat, Lucien Barthe, André Soulié et Paul Landou.

Il est inutile de faire ressortir les précieux avantages de cette institution, puisque chacun verse sa cotisation seulement lorsqu'un accident est survenu au bétail de l'un des associés.

Le règlement sera communiqué à quiconque voudra en prendre connaissance. Les demandes d'admission doivent être adressées à M. Antoine Lombard.

23. — Lettre à M. l'abbé Delmas

29 juillet 1906.

MON CHER AMI,

J'ai bien fait de ne pas bâtir des châteaux en Espagne pour la mutuelle-bétail. Tout se retourne contre moi.

Nous avions demandé les secours légaux à la préfecture. Mais on a regardé la couleur politique des bêtes à assurer. Aussitôt tout a été refusé. M. Busquet est intervenu afin de montrer le danger couru par la République : Aider une société agricole qui a un curé pour secrétaire !... On n'y pensait pas !...

Instruit par mon initiative, mon adversaire a formé une société analogue. Prenant les statuts que j'avais élaborés, il a groupé 15 familles, obtenu les secours sollicités par nous et même entraîné deux de mes adhérents.

Mes amis sont dans la consternation et moi-même bien découragé. Sans doute, le bon Dieu ne demande que l'effort et pas le succès ; sans doute je n'ai travaillé que pour lui ; mais tout de même le moyen pris pour faire un peu de bien, se retourne contre la cause que je voulais servir. Je fortifie moi-même l'influence de l'homme qui pervertit Belmon. Les prudents vont me prodiguer des consolations... agaçantes ; au fond ils sont ravis que mon échec justifie leur paresse, et leurs condoléances, sans conviction ni cordialité, me seront plus pénibles que de francs reproches. N'éprouvant jamais d'échec, parce qu'ils vivent dans le *farniente*, ils auront beau jeu pour blâmer mon initiative.

J'ai mal choisi mon temps ou mes hommes ; j'ai été téméraire ou maladroit, mon adversaire est rusé autant que puissant. Voilà tout ce que prouve ma tentative malheureuse. On ne saurait en conclure que les œuvres sociales dans ma paroisse sont inutiles. Ce qui prouve que j'étais dans la bonne voie, c'est que M. Busquet s'empresse de reprendre à son compte le projet qu'il m'empêche de réaliser.

Au milieu des blâmes discrets venus du dehors de la paroisse et des décourageantes lamentations de ceux que je considérais comme mes plus fermes soutiens, une consolation me reste : le bon effet produit par mes *Informations*. On les lit avidement ; on vient les demander au presbytère lorsqu'on n'a pas assisté à la distribution ; on les fait passer aux habitants des paroisses voisines, non sans quelque fierté. Mes paroissiens, tout étonnés de mon audace, éprouvent une joie maligne de voir directement pris à partie celui qui les terrorise. M. Busquet a beau parler, il ne parvient pas à neutraliser l'effet de mes feuilles et l'opinion publique se prononce nettement en ma faveur, au sujet de la suppression de l'allocation communale.

Mais les esprits sont bien mobiles et peu de chose suffirait à les retourner contre moi. Je ferai tout pour confondre les mensonges de mon adversaire. La vérité me délivrera.

Reçois...

24. — Lettre à Mlle Dubreuil

31 juillet 1906.

MADEMOISELLE,

Vous ne m'en voulez pas de vous avoir parlé en toute franchise. Dieu en soit béni : votre vie sera mieux remplie et plus sainte.

Il m'est difficile de vous indiquer un confesseur. Tous ont grâce d'état et manqueraient-ils des qualités humaines qui les font apprécier l'un plus que l'autre, leur ministère est toujours fécond pour l'âme cherchant Dieu avec générosité. Puisque vous avez la facilité de vous rendre à Granville, faites votre choix parmi les prêtres intelligents, pieux et expérimentés qui ne manquent pas dans cette ville.

Permettez-moi de vous donner un avertissement. Dans cet accès de piété, que trahit votre dernière lettre, défiez-vous de vous-même. Modérez vos ardeurs de peur qu'elles ne s'éteignent au premier sacrifice à faire.

Il ne m'est guère possible d'occuper votre activité dans ma petite paroisse de Belmon. Le soin des malades convient parfaitement à votre tempérament généreux et, si vous habitiez Granville, votre place serait parmi les dames de Saint-Vincent-de-Paul. Pour le moment, votre devoir vous commande de rester auprès de votre père et d'être sa garde-malade, aussi longtemps que Dieu le voudra. Plus tard vous verrez ce que vous avez à faire.

J'ai longuement réfléchi à l'emploi de la somme que vous m'offrez pour le bien de ma paroisse. Après avoir consulté des hommes d'expérience, je ne vous conseille pas d'affecter la somme de 300 francs à exonérer mes paroissiens du denier du culte. La raison en est facile à comprendre.

Votre générosité leur sera profitable cette année. Mais l'année prochaine, ils attendront que vous donniez autant que par le passé. Vous aurez beau déclarer ne participer au Denier du culte que selon vos moyens, chacun croira que vous compléterez la somme et se dispensera de donner.

Employer l'argent, dont vous disposez, à l'ornementation de l'église me paraît hors de saison. Sans doute bien des choses nous manquent, mais dans les temps incertains que nous traversons, il faut aller au plus pressé et soutenir les œuvres les plus indispensables.

Si vous le permettez, je prélèverai une vingtaine de francs pour la propagande du bon journal à Belmon, et à peu près autant pour la distribution des Causeries du dimanche ou des Vie des Saints. Le reste pourrait être employé à l'éducation de la jeunesse chrétienne. Les écoles libres de Granville viennent d'être fermées par suite du départ des Frères. Pour les rouvrir, il faudra trouver un personnel dont l'entretien sera beaucoup plus onéreux. Si vous le jugiez à propos, je verserais la somme dont vous m'offrez la disposition à la caisse des écoles. D'ailleurs, quoique résidant à Belmon par suite de la maladie de M. Dubreuil, vous ne devez pas oublier que vous êtes toujours de Granville...

Veuillez, mademoiselle, me rappeler au bon souvenir de M. votre père et agréer l'expression de mon respectueux dévouement.

25. — Lettre au frère Clément

12 septembre 1906.

MON CHER CLÉMENT,

Le sacrifice est consommé. Vous voilà sécularisé !

Aidé de deux collègues, vous continuerez l'école. Permettez-moi de remercier le bon Dieu ; qu'il garde aux enfants de Granville, que je n'oublie pas, leurs maîtres et leurs apôtres.

Pauvre Frère ! comme vous avez dû pleurer en quittant votre cher et saint habit, qui représentait à vos yeux cette vie de règle, de dévouement et de prière, à laquelle vous vous étiez généreusement consacré.

Au nom de Notre-Seigneur, au nom des enfants qui vous sont confiés, sécularisez-vous, oui ; mais ne vous mondanisez pas.

Restez ce que vous êtes ; l'homme qui ne cherche pas son intérêt, ses plaisirs d'ici-bas, l'homme convaincu que Dieu l'a placé sur cette terre, pour un temps, avec la charge de l'aimer, de le servir, de le faire aimer et servir... Restez fidèle à tous vos exercices de piété, aux sages prescriptions de votre règle. L'habit ne fait pas le moine, mais bien la volonté attachée aux devoirs librement acceptés.

Mais je me demande pourquoi je vous prêche l'abnégation. Je devrais commencer par me la prêcher moi-même. La France et l'Eglise ont encore plus besoin de saints que d'apôtres, ou plutôt seuls les saints peuvent être les apôtres qu'il nous faut... Vous serez de cette élite, tandis que moi... Tenez, à l'heure actuelle, je sens toute ma faiblesse et souffre d'une cruelle indécision.

Pour me défendre contre les attaques et les mensonges par lesquels M. Busquet s'efforce de rejeter sur moi l'odieux des mesures sectaires qu'il prend, je me suis décidé à publier un petit *Bulletin Paroissial*, dont je suis à la fois le rédacteur et l'imprimeur.

Mais n'ai-je pas fait fausse route ? Mes informations ne vont-elles point pousser M. Busquet aux pires représailles ? Je me le demande avec anxiété, en voyant l'*Eclaireur* de Granville publier une lettre par laquelle mon adversaire porte le conflit devant tout le département, pour dénaturer mes actes et se donner le beau rôle.

M. Lartigue me soutient de ses encouragements et m'engage à persévérer dans la voie que je me suis tracée. Sans son appui, j'hésiterais, car, pour le moment, une seule chose apparaît clairement : le bruit fait autour de mon nom dans la mauvaise presse. Celle-ci n'a pas encore pénétré à Belmon, puisque, pour faire lire sa prose, M. Busquet a dû lui-même distribuer gratuitement quelques numéros de l'*Eclaireur*.

Mais ne vais-je pas l'y implanter, ou du moins la faire lire davantage, par l'intérêt de la polémique engagée ?

Au début de ma lettre, j'ai éprouvé une hésitation. Je ne savais plus quelle appellation employer. Continuer à vous dire (mon cher frère) serait dangereux, puisqu'on pourrait prétendre que votre sécularisation n'est que fictive. Tout simplement je reviendrai, si vous n'y voyez pas d'inconvénient, au temps où, sous le grand marronnier qui ombrage le devant de ma maison paternelle, nous nous amusions avec l'entrain de nos dix ans, en vous appelant de votre petit nom comme de bons amis, comme de bons petits frères. C'était le bel âge, car nous n'avions ni soucis ni ennuis !

En attendant votre visite, recevez...

26. — Lettre à M. l'abbé Delmas

25 septembre 1906.

Mon cher ami,

Tu le sais déjà ; j'ai chez moi une cultuelle. M. Busquet ne pouvait manquer une si belle occasion de manifester son dévouement à l'Eglise .. du bloc et son aversion pour l'autre, la nôtre, ou plutôt celle de Jésus-Christ.

Il y a de jolis dessous dans cette affaire. Les catholiques de Belmon n'auraient jamais pu se grouper spontanément dans une association schismatique, sans l'intervention d'un agent puissant et habile. M. Busquet sera candidat aux prochaines élections pour le Conseil général. Il donne à M. le préfet des gages de son dévouement présent et futur, en réunissant, autour de lui, quelques bons catholiques de son espèce, décidés à tout pour assurer à Belmon la continuation du culte malgré le pape, les évêques et le curé.

Les sept membres de la cultuelle sont : le maître-valet du maire, un bordier, nouveau venu dans la paroisse, un cantonnier marié civilement, deux autres personnages dont l'un est entretenu par le bureau de bienfaisance, et l'autre ne sait ni lire ni écrire ; le septième, c'est Mlle Eulalie.

Comment ? mon vicaire ! Que veux-tu ? J'ai refusé la boule de neige !... et tout s'explique... je suis maudit !.. La pauvre tête est mal équilibrée. Il suffit qu'il y ait une bêtise à faire pour qu'elle n'hésite point. Il n'a pas été facile d'obtenir l'adhésion de ces étranges catholiques.

A part M. Busquet et Mlle Eulalie, les cinq autres comparses avaient assez de bon sens pour pressentir qu'ils s'engageaient dans une affaire ennuyeuse. Ils ont tout d'abord refusé. Mais on a fait valoir des arguments irrésistibles : Ordre formel au nouveau bordier, conseil avec menaces à l'égard de l'assisté, mensonges pour l'ignorant.

La cavalerie de Saint-George a vaincu les dernières hésitations, et vive la cultuelle !

Pour montrer que le Pape a eu pleinement raison de rejeter la loi de Séparation, telle que nos Chambres l'ont votée, il suffirait de considérer ceux qui, malgré lui, veulent en faire bénéficier l'Eglise de France. Ma population, comprenant la haine satanique de ces faux dévots et devinant leurs perfides desseins, se montre unanimement hostile à la manœuvre du maire.

Monseigneur, consulté, m'a ordonné d'exposer en chaire les diverses sanctions encourues par ceux qui de près, ou de loin, prêteraient un appui quelconque à la cultuelle et d'attendre les événements.

Le mouvement cultuelliste a-t-il ailleurs un autre caractère et surtout une extension plus grande que chez moi ? Je l'ignore. S'il se répand, nous verrons de mauvais jours ; peut-être notre clergé, divisé comme jadis, offrira le triste spectacle de luttes intestines autour des autels ! Que Dieu nous protège !

Reçois, avec mes meilleures amitiés, l'expression de mon entier dévouement.

27. — Article de La Croix

12 octobre 1906.

Que devient l'argent ? — M. Busquet fondait récemment à Belmon une société d'assurance contre la mortalité du bétail. Il ne se mettait pas en frais d'imagination, puisqu'il se contentait de copier les statuts d'une société similaire existant déjà dans la commune. Mais il faisait beaucoup de démarches, s'il faut en croire ses affirmations, pour obtenir une subvention de la préfecture. Une somme de 500 francs lui aurait même été accordée.

M. Busquet se proposait seulement de faire disparaître la société qui ne lui plaisait pas. Nos braves paysans, à qui importaient peu les intentions secrètes de M. le maire, espéraient, grâce aux libéralités gouvernementales, être désormais à l'abri des pertes provenant de la mortalité du bétail et déjà se forgeaient une félicité, qui les faisait pleurer de tendresse.

Hélas ! il faut déchanter. Il y a quelques jours, M. Sadoulas était obligé d'abattre un jeune veau qui, en gambadant, s'était brisé une jambe. Membre de la société d'assurance, il crut pouvoir demander une compensation de sa perte.

M. Busquet, qui promet souvent, tient rarement.

Il tenta d'éconduire le quémandeur, sous prétexte que la vente de la bête avait produit une petite somme. M. Sadoulas, fort de son droit, ne voulut rien entendre et réclama formellement l'indemnité statutaire. Il fallait s'exécuter.

M. Busquet convoqua le dimanche 5 octobre les membres de l'association et leur tint à peu près ce langage. « Mes amis, vous savez que M. Sadoulas a perdu un jeune veau. Pour lui venir en aide, vous vous êtes empressés de lui acheter chacun un peu de viande. Mais cela ne suffit pas. Il faut, d'après les statuts, lui refaire le capital perdu et pour cela

chacun doit verser une somme proportionnelle à
ses impôts. »

Le raisonnement de M. Busquet semblait inatta-
quable. Cependant il ne fut pas du goût de tout le
monde. L'un des auditeurs se permit de demander
pourquoi on ne prendrait pas l'indemnité sur les
500 francs accordés par la préfecture. « C'est un
dépôt, répondit M. le maire, auquel il est défendu de toucher. » Les sociétaires furent d'un
avis contraire. « L'argent a été donné pour nous
aider à indemniser des pertes subies. Nous sommes
dans le cas prévu. Chacun de nous a fait un petit
achat de viande au propriétaire lésé ; la caisse doit
compléter. »

Poussé à bout, M. Busquet dut avouer que la
caisse était vide !

Nous n'avons pas à apprécier les explications
fournies par M. le maire de Saint-Clair ; seuls les
sociétaires sont juges. Nous nous contentons de
nous faire les interprètes du mécontentement général et de poser à qui de droit les deux qestions
suivantes :

Si l'argent de la préfecture a été versé, qu'est-il
devenu ?

S'il n'a pas été versé, pourquoi M. Busquet
affirmait-il l'avoir reçu ?

28. — Informations paroissiales

18 octobre 1906.

Association cultuelle. — Nous avons à déplorer la formation, dans notre paroisse, d'une association cultuelle.

Les adhérents sont excusables par suite de leur ignorance.

Mais ils doivent réfléchir sur les conséquences de leur acte. Non seulement ils compromettent les intérêts de l'Eglise catholique, en se faisant les auxiliaires de ses ennemis, mais encore ils exposent leur âme à la damnation éternelle.

Mon devoir est de leur faire connaître les sanctions spirituelles qu'ils encourent.

Ceux qui font partie d'une association cultuelle cessent d'être catholiques.

Ils sont privés des sacrements pendant leur vie.

Ils seront enterrés civilement après leur mort.

Denier du culte. — Le total des cotisations pour le Denier du culte s'est élevé à la somme de 370 francs.

Quatre familles ont refusé toute cotisation, signifiant par là qu'il leur est indifférent d'avoir ou de ne pas avoir de culte. Elles ne sauraient s'étonner, lorsqu'elles demanderont le service religieux, d'être traitées autrement que les autres.

L'Eglise ne peut accorder les mêmes honneurs à ceux qui font leur devoir et à ceux qui ne le font pas.

Si j'avais voulu ! — L'exemple du Pape, refusant de se soumettre aux caprices de nos gouvernants et consentant la perte de nombreux millions, montre que l'argent n'est rien pour la religion.

Moi-même, si j'avais voulu, je n'aurais pas eu besoin de solliciter votre générosité comme un mendiant. On m'aurait rendu le traitement ; on m'aurait payé les 200 francs de la seconde messe ; on me laisserait dans le presbytère. Pour cela, je n'avais qu'à me soumettre à M. Busquet et à former une association cultuelle. Mais je me révoltais contre le pape et contre l'évêque, pour devenir un renégat.

J'aurais été peut-être riche, mais sûrement méprisé.

Je préfère rester pauvre et garder votre estime.

Vitraux. — Au sujet des vitraux, dont le délabrement va vous rendre l'assistance aux offices pénible et même dangereuse, je dois vous fournir des explications pour dégager ma responsabilité, ainsi que celle du conseil de fabrique.

M. le maire sait qu'il doit faire réparer les vitraux.

Par une pétition du 5 octobre 1906, signée par tous les fabriciens, nous lui avons demandé, « nous appuyant sur sa promesse plusieurs fois formulée, de vouloir bien activer la réfection des vitraux ».

M. le maire peut les faire réparer. La délibération suivante lui en donne le pouvoir, en lui ouvrant un crédit suffisant : « Le Conseil municipal, se rendant évidemment compte que les ouvertures de cette église ne peuvent rester dans l'état actuel, donne pleins pouvoirs à M. le maire pour les faire réparer de la manière la plus économique. »

M. le maire n'est empêché par aucune loi. Si légalement il a pu faire remplacer un vitrail en juillet 1906, il peut faire réparer les deux autres.

M. Busquet sachant qu'il doit faire réparer les vitraux, pouvant le faire et ne le faisant pas, j'en conclus qu'il ne veut pas. Si je me trompe, je le prie de me reprendre. Très loyalement je reconnaîtrai mon erreur. Comme aussi son silence signifiera que j'ai bien interprété sa pensée.

Désireux de vous éviter les rigueurs de l'hiver, je vais prendre, d'accord avec MM. les fabriciens, les mesures nécessaires pour fermer provisoirement les vitraux. Nous ne ferons pas aussi beau que la municipalité, parce que les fonds dont dispose la fabrique sont restreints. Mais vous saurez reconnaître notre désir de vous épargner ce que vous avez souffert l'année dernière.

29. — Lettre à M. l'abbé Savignac

3 novembre 1906.

MON CHER AMI,

La *Croix* de Granville te renseigne chaque dimanche sur le curé de Belmon et son ami Busquet. Mais il y a bien des choses que je ne puis livrer au public et qui t'intéresseront, quoiqu'elles ne soient pas toujours à mon avantage. Je n'ai pas de raison de te les dissimuler : c'est la vraie vie, celle qui ne s'étale pas au grand jour. A tous on raconte les succès, aux amis seuls on confie les déboires.

Ma mutuelle-bétail est morte. M. Busquet lui a fait un enterrement civil et de première classe. Je ne te dis rien des mensonges débités pour tromper mon monde. Tout bon disciple de Voltaire commence par là. Les fonds secrets de la commune ont été mis à contribution pour entraîner les volontés hésitantes. Cantarel, mon chantre, a été acheté le premier et pas cher, d'ailleurs au prix auquel il s'estime. La dispense de deux journées de prestations a suffi pour qu'il passe de la mutuelle du curé à la mutuelle du maire. Le père Bertrand s'est montré plus exigeant. Il a fallu inscrire, sur la liste des indigents, sa belle-mère âgée de 72 ans, mais fort bien portante, et lui allouer une pension de 10 francs par mois. La promesse d'un simple ajournement des 28 jours a converti quelques réservistes. Il n'en a pas fallu davantage pour entraîner la mort de ma mutuelle.

Mais, justice immanente ou providentielle, on est puni par où l'on a péché. C'est une affaire d'argent qui a tué la société de M. Busquet et le discrédite lui-même.

Je n'ai pu tirer au clair l'histoire des 500 francs, dont la *Croix* a parlé. J'ai posé en public les deux questions que je me pose en particulier. Ma population soupçonne de bien vilaines choses, dont je ne me ferai pas l'écho.

Je ne te recommanderai point d'imiter mes *In-formations*, parce qu'elles pourraient ne pas être opportunes dans tous les milieux. Ce que je puis te dire, c'est qu'avec la *Croix*, elles sont le cauchemar de M. Busquet, qui ne peut plus mentir ; et c'est si dur de renoncer aux vieilles habitudes ! Grâce à la publicité que je donne à ses actes, j'éclaire peu à peu l'opinion.

Elle se monte même parfois un peu trop, cette terrible opinion, et je vois maintenant par expérience quelle délicatesse et quelle conscience doivent avoir ceux qui assument la responsabilité da sa direction. Il a suffi d'un mot de ma petite feuille pour provoquer à Belmon, dimanche dernier, une manifestation contre M. le maire.

Depuis deux ans, les vitraux de mon église sont dans un état lamentable ; à vrai dire, ils n'existent plus. Les fonds, nécessaires à leur réfection, sont votés depuis longtemps et M. Busquet ne se presse pas de les faire réparer. Les fidèles ont souffert de cette incurie, sans compter que l'église se détériore tous les jours. Jusqu'ici tout le monde s'en prenait à l'impéritie de mes prédécesseurs, qui cependant n'étaient pour rien dans cet état de choses.

Grâce à mes *Informations*, j'ai montré à mon peuple que, seul, M. le maire était responsable de leurs rhumes.

Plusieurs fois, j'ai réuni mes fabriciens auxquels s'adjoignaient des hommes sûrs, pour leur expliquer l'état de la question. Ils ont fait le commentaire de mes feuilles et dit ce que je ne pouvais que laisser entendre. Dutil et Lombard ont été les plus ardents. Caminat et Landou ont fait plus que je n'aurais pu espérer.

Dimanche dernier, j'ai annoncé en chaire que, ne voulant pas laisser mes paroissiens exposés aux intempéries de l'hiver, ne pouvant rien obtenir de M. le maire et n'ayant pas les moyens de mettre des vitraux neufs, je ferais fermer les ouvertures avec des planches.

A la sortie de la messe, grande émotion. Pas un voix discordante sur mon attitude. Tous approuvent mon souci de la santé publique et blâment M. Busquet. Cantarel lui-même, qu'un courant d'air intempestif a fortement enroué, ne trouve rien à dire pour le défendre.

Lombard exploite la situation et présente un réquisitoire bien senti que les fabriciens appuient chaudement. Les femmes s'en mêlent ; tout le monde parle en même temps. Une délurée, à la langue bien pendue, la femme Rabanel, soulève la question délicate :

« Que fait-il de l'argent ?... C'est honteux d'être obligé de fermer avec des planches !... »

J'aurais voulu que tu entendes la petite Lombard ou la sœur de Dutil !

Mais c'est Landou qui a trouvé — ou plutôt répété — le mot de la situation.

« Vous avez parfaitement raison, dit-il à la foule groupée devant le perron de l'église ; l'argent de la commune, c'est le nôtre. Le maire n'est que notre mandataire et doit employer les fonds communaux selon notre volonté. S'il lui plaît de ne pas venir à l'église, c'est son affaire ; mais c'est la

nôtre aussi d'y venir. En réclamant que notre argent serve à réparer notre église, nous n'exigeons
que notre droit. »

Cris dans la foule : « C'est vrai, c'est notre argent ! »

Dutil : « Que faire ? »

Landou : « Voyons, père Lombard, dites-nous
ce que nous avons à faire et nous le ferons
tous. »

J'avais stylé mon bon homme. La veille je lui
avais dit : « Je n'ai pas d'indication à vous donner.
Je puis seulement vous dire ce que feraient les
ouvriers des villes qu'on bernerait pareillement.
Ils iraient tous ensemble trouver les autorités et
présenter leurs réclamations. »

Lombard a très bien retenu la leçon et la redit
avec aplomb.

« Mais nous ne sommes pas plus bêtes que ceux
de la ville, s'écrie la femme Rabanel ; pourquoi
n'irions-nous pas trouver M. Busquet ? »

Cantarel et Bertrand, consultés, ne s'y opposent
pas, tandis que Landou, Dutil, Barthe et beaucoup
d'autres se mettent en marche.

« Nous le chambardons », s'écrient les plus exaltés.

A ces mots que j'entendis de la sacristie, je
crois le moment venu d'intervenir : « Vous avez
raison d'aller vous-mêmes réclamer qu'on respecte
vos droits. Mais, s'il vous plaît, restez calmes, ne
mettez pas les torts de votre côté. »

Et mes hommes, dirigés par Landou, que je ne

connais plus, tant il est ardent, se mettent en marche; les femmes ne sont pas en retard. Les enfants suivent, car ils veulent être de la fête. Un clerc, qui ne s'est pas encore déshabillé, se trouve dans la cohue en soutane rouge, tandis qu'un autre court en bras de chemise.

M. Busquet, peut-être secrètement averti de ce qui se passait, avait attelé sa voiture et déjà sortait de la basse-cour pour se défiler. On arrête le cheval et on l'oblige à descendre. La foule l'entoure et, tous parlant à la fois, il est impossible de s'expliquer.

Peut-être certaines paroles blessantes ont-elles échappé à mes braves manifestants ! Si le vocabulaire employé devant l'église était encore usité en présence de notre magistrat municipal, de dures vérités ont retenti à ses oreilles. Je comprends que, n'ayant pas de bonnes raisons à donner et piqué par les reproches qu'on ne lui ménageait pas, M. Busquet ait perdu patience. A son tour, il a haussé la voix et s'est laissé aller à proférer des grossièretés.

Ce n'est pas ainsi que les foules se calment. Cantarel, mais timidement, recommande à son maître de ne pas s'exaspérer et de ménager ses paroles. C'est trop tard, la foule est montée. On ne parle plus seulement des vitraux, mais de tout ce que mes *Informations* reprochent à M. le maire : la suppression de la première messe, la suppression des processions, l'argent de la mutuelle. C'est une cacophonie indescriptible. M. Busquet ne peut se faire entendre pour se justifier.

D'ailleurs, il a perdu la tête et se débat comme un malheureux que vingt bras se disputent.

Mme Busquet, à moitié folle, croyant son mari en danger, quitte le balcon, d'où elle surveillait la manifestation et armée d'un grand couteau de cuisine, se précipite au milieu de la foule. Les femmes l'entourent. On ne parle plus, ni des vitraux, ni de la première messe. Mon pauvre ami, si tu connais des personnes ayant dans leur passé des histoires drôles ou scabreuses, qu'elles ne tiennent pas à se voir jeter à la figure par leurs concitoyennes irritées, ne leur conseille pas d'épouser un maire en désaccord avec ses administrés.

Sur ces entrefaites accourent, à la défense de leur maître, le valet de M. Busquet et sa femme. Aussitôt, Mme Busquet reprend de l'aplomb. A son tour, elle invective et menace du couteau. Dutil le lui arrache, égratignant légèrement la digne moitié de notre premier magistrat. Cela devenait grave. Heureusement, après un moment d'hésitation, je m'étais décidé à rejoindre mes gens et j'arrivais à temps pour prévenir de regrettables excès. Ce ne fut pas chose facile que d'obtenir un peu de calme.

Par la force même des choses, ayant été le pacificateur, je deviens le porte parole de la foule. En son nom, je prie M. le maire de vouloir bien faire réparer les vitraux le plus tôt possible.

M. Busquet, qui ne demande qu'à se tirer de ce mauvais pas, promet tout. Les vitraux seront réparés dans le courant de la semaine, pourvu que les ouvriers puissent venir, et au plus tard dans quinze jours.

Satisfait de cet engagement public, je prie les manifestants de se retirer. Les fabriciens entraînent la foule et l'on se disperse.

C'est une victoire !... un peu trop éclatante, j'en ai peur ! Nos paysans ne sont pas mûrs encore pour ces manifestations. Ils s'emportent parce qu'ils n'ont pas assez conscience de leur droit et de leur force. Aussi, ce n'est pas seulement, à l'heure actuelle, l'éducation religieuse ou même l'éducation sociale de son peuple que doit faire le curé, mais encore son éducation politique. Les scènes de ce soir me montrent plus clairement que les livres les mieux pensés et les mieux écrits, tous les progrès à réaliser pour que, dans cette République dont le pays ne semble pas vouloir se détacher, les citoyens, conscients de leurs devoirs et de leurs droits, sachent se défendre avec la décision, mais aussi avec la mesure nécessaires au maintien de l'ordre et de la liberté.

Crois-moi toujours, ton tout dévoué en Notre-Seigneur.

CHAPITRE IV

Les Épreuves

30. — Article de « la Croix »

1er octobre 1906.

Le Pontife Busquet. — La commune de Saint-Clair possède un maire en passe de devenir célèbre, car son nom sera bientôt dans toutes les mémoires. Elle a donné le jour au grand Busquet.

M. le maire de Saint-Clair vient de sauver l'Eglise, que défendent mal le Pape et les Evêques. Afin de maintenir le culte catholique dans sa commune, il a formé une association cultuelle, dont il est naturellement le président. On n'attendait pas moins de son dévouement connu à la bonne cause. N'a-t-il pas tenté de supprimer les processions ? N'a-t-il pas réussi à faire suspendre la première messe ? Ceux qui connaissent bien sa vie, savent qu'il était préparé de longue date à sauver la religion compromise. Monseigneur retirerait-il le curé de Belmon, M. Busquet se ferait fort de le remplacer à l'autel et en chaire, quoiqu'il fut bien étrange de l'entendre prêcher la haine du mensonge et la pratique de la vertu.

En une circonstance mémorable, M. le maire a déjà rempli avec beaucoup de sérieux et de dignité les fonctions sacerdotales. Il y a quelques années, un petit enfant de deux ou trois ans mourait pendant une absence de M. le curé. On aurait pu appeler un prêtre d'une paroisse voisine pour célébrer l'enterrement. M. Busquet ne le crut pas utile.

N'était-il pas là, lui, maire ? et ne saurait-il pas lire dans les livres du curé ?

La famille interdite n'osa pas y mettre d'obstacle.

Satisfait d'un consentement forcé, M. Busquet se fait raser avec le soin méticuleux d'un nouveau marié, revêt son habit des grands jours, passe à la sacristie, prend un livre de prières et solennellement procède à l'enterrement du pauvre bébé.

Sur la bière, descendue au fond de la fosse, il marmotte quelque latinade, dont le sens lui échappe. D'après certain loustic, il se serait servi de la formule des relevailles.

On ne s'ennuiera, pas à Belmon, quand M. Busquet, devenu pontife, célèbrera les offices religieux !

31. — Lettre à M. Lartigue

3 novembre 1906.

Monsieur le curé,

Le juge d'instruction m'invite à passer à son cabinet demain à 2 heures. Motif invoqué : exercice illégal de la médecine et de la pharmacie.

Sur vos conseils, j'avais acheté quelques remèdes d'un emploi facile et sans danger, afin de pouvoir donner les soins les plus pressants. Quand, pour avertir un médecin et le ramener à Belmon, on doit faire 24 kilomètres, il est bon de trouver tout près une petite pharmacie.

Plusieurs fois mes paroissiens ont fait appel à mes remèdes. Un vieillard, frappé d'apoplexie, doit la vie à mes rigollots ; une femme s'est vue guérie en peu de temps d'une plaie hideuse provenant d'une brûlure ; inutile d'énumérer les blessures soignées. Mon dernier délit est la guérison d'un enfant atteint du croup. Je lui ai fait prendre un vomitif qui a produit un très heureux effet, puis un sirop pectoral. Le docteur, appelé en toute hâte, est arrivé vingt-quatre heures après; il a constaté que le mal était conjuré, et devant toute la famille m'a félicité de mon intervention.

Comme vous me l'avez recommandé, je me contente de donner les premiers soins et de fournir des remèdes n'offrant aucun danger. Chacun son métier. Mais un médecin peut dire au malade une parole d'encouragement et même doit l'avertir de songer à son âme, sans pour cela empiéter sur le rôle du prêtre. De même, je crois pouvoir faciliter la tâche du docteur, en donnant au patient le temps d'attendre sa visite.

Cela ne déplait pas à mes paroissiens. Mais quelqu'un en a pris ombrage et probablement ce quelqu'un va faire son possible pour m'enlever toute envie de recommencer.

Je me rendrai demain matin chez un avocat. Mon intention serait de tout expliquer en montrant, par les cas divers dans lesquels je suis intervenu, que je n'exerce nullement la médecine, et ne fais pas concurrence au pharmacien. On connaîtra bientôt l'affaire dans ma paroisse, car celui qui m'a dénoncé au procureur ne pourra pas tenir sa langue. Je suis sans crainte. Condamné par les juges, je serai absous par mes ouailles.

Mais si l'amende est forte..., comment la payer ? La Providence m'a toujours servi de banquier !

Veuillez agréer, monsieur le curé, etc...

22. — Lettre à M. l'abbé Delmas

28 novembre 1906.

MON CHER AMI,

Encore du nouveau dans ma paroisse ; hier, mon église a vu un commencement d'émeute.

Tu sais que M. Busquet, le grand pourfendeur de curés, a formé une cultuelle.

Mlle Eulalie, qui en fait partie, est venue hier matin, vers 7 heures, faire ses dévotions à l'église. Après un temps assez long consacré aux exercices de son extravagante piété, elle m'a fait demander de l'entendre en confession. Au lieu d'accéder à son désir, je l'ai priée de passer préalablement à la sacristie. Tu devines ce que j'avais à lui communiquer.

Apprenant que je ne peux ni l'absoudre ni lui donner la Sainte Communion, aussi longtemps qu'elle restera membre de la cultuelle, Mlle Eulalie entre dans une de ces colères dont les furies païennes seules étaient capables. Impossible de placer un mot pour la raisonner et la calmer. Perdant patience, je quitte la sacristie, où, restée seule, la furie ne continue pas longtemps son monologue.

L'heure de la grand'messe arrive. J'avais l'ordre de parler des sanctions encourues par les cultuellistes.

A peine dans le chœur, je sens d'instinct quelque

chose d'anormal dans l'assistance. Peut-être étais-je moi-même un peu ému par la scène du matin. Mlle Eulalie l'avait sûrement racontée à sa manière, et on avait jasé avant d'entrer dans l'église.

Cependant les chants s'exécutent comme à l'ordinaire. Cantarel fait ronfler sa belle voix, pour se faire admirer des femmes et couvrir l'insolent fausset des jeunes gens, qui osent prendre place au lutrin. Il semble avoir plus d'entrain et de creux que d'ordinaire. Il s'est probablement fait les cordes vocales sur le pas de la porte, en exaltant M. Busquet et daubant sur son curé.

J'arrive sans encombre à l'Evangile. Je monte en chaire et fais la prière dominicale, au milieu d'un recueillement inaccoutumé. Enfin il faut parler.

D'une voix un peu tremblante, j'explique pourquoi les cultuelles n'ont pu être acceptées par le Pape, et j'expose les peines canoniques encourues par ceux qui entrent dans de telles associations.

Mlle Eulalie, ses lunettes en bataille, se lève comme mue par un ressort : « Que vous le vouliez ou non, nous sommes catholiques ! »

Silence glacial dans toute l'église. Le père Bertrand, qui régulièrement se met à ronfler dès que je monte en chaire, ne dort pas ; Cantarel semble avoir avalé la respiration ; les enfants de chœur sont sages.

Sans relever l'interruption, je continue d'une voix que mes efforts ne peuvent rendre absolument calme. Les mots sortent péniblement de ma gorge serrée. J'arrive au refus de la sépulture ecclésiastique.

Mon antagoniste, que l'insuccès de sa première incartade fait bouillonner, s'écrie : « Mais nous ne sommes pas des chiens. Et après tout, nous trouverons assez de curés sans vous. »

Même flegme apparent de ma part, tandis que mon cœur bat fortement dans ma poitrine oppressée. Les hommes me dévorent des yeux. Certains m'encouragent par une attitude dont la sainteté du lieu parvient à peine à contenir l'indignation, tandis que d'autres me désavouent par la colère mal déguisée peinte sur leur physionomie. Les femmes baissent la tête, quelques-unes pleurent. Seule Mᵐᵉ Busquet, telle une vipère exaspérée, lève sur moi un regard méchant et colère.

Plus péniblement, je continue mon allocution : les sacrements doivent être refusés à tous ceux qui, par leur désobéissance au Pape et aux évèques, commettent, du fait de leur adhésion à la cultuelle, un acte de reniement.

Je ne saurais dire quelles expressions j'ai employées. Toujours est-il que Mˡˡᵉ Eulalie s'est sentie visée. Pour la troisième fois elle m'interrompt : « On se passera des sacrements et de vous. » Et les invectives succèdent aux invectives en flots si pressés que la parole m'est interdite. Mᵐᵉ Busquet se met de la partie ; Cantarel murmure tout bas et racle des pieds ; quelques bons catholiques interviennent. J'essaie d'imposer silence, au nom du Dieu présent dans l'église. Inutile. Une grossièreté échappée à Mᵐᵉ Busquet déchaîne la tempête. Lombard et Landou prient de sortir ceux qui trouvent à redire à mon prône, puisque je fais seulement mon devoir en obéissant aux ordres de mes supérieurs.

Des altercations se produisent, auxquelles les femmes prennent part. Pendant quelque temps c'est un vacarme assourdissant, qui fait constater la faiblesse numérique et la violence irraisonnée des cultuellistes.

Descendu de chaire et revenu à l'autel, je profite d'un moment d'accalmie pour déclarer mon intention de ne reprendre la cérémonie qu'une fois le silence rétabli.

Mlle Eulalie et la femme du maire, accompagnées de la fille du chantre, prennent prudemment le parti de se retirer. Aussitôt tout rentre dans l'ordre.

Mon cher ami, je suis brisé ; tu comprends quelle peine me cause ce scandale. Je voudrais pacifier les esprits, en faisant comprendre à mes pauvres égarés le mal qu'ils occasionnent. Mes efforts sont inutiles. Cependant la population vraiment catholique est avec moi. Le désordre provoqué dans l'église l'a péniblement émue. Peut-être, certains sortiront-ils enfin de leur apathie !

Que Dieu me vienne en aide et m'inspire le courage de toujours faire mon devoir !

Ton tout dévoué en N.-S...

33. — Lettre à M. l'abbé Delmas

2 décembre 1906.

Mon cher ami,

Tu m'as converti. Depuis l'échec de l'association contre la mortalité du bétail, il me semblait qu'aucune œuvre, ayant pour objet direct les intérêts matériels de mes paroissiens, ne pouvait être utilement entreprise. La chaleur avec laquelle tu as exposé, à notre dernière réunion, la question des syndicats agricoles, et la lecture d'un petit opuscule publié par l'*Action Populaire*, sous la signature de M. l'abbé Mazelin, m'avaient fortement ébranlé. Ce qui a fait cesser toute hésitation, c'est un embryon de syndicat formé ces jours-ci par M. Busquet. On peut donc faire quelque chose, puisqu'il le tente, et ce quelque chose doit avoir une action sur les paysans, puisque par là mon maire cherche à gagner des électeurs !

Les pommes de terre ont complètement fait défaut cette année. Avec quoi nos paysans vont-ils nourrir et leur famille et leurs bestiaux ? Il faut nécessairement acheter au dehors. S'inspirant de ce besoin, M. Busquet a groupé plusieurs commandes et obtenu des conditions très avantageuses.

Un prêté pour un rendu. Je vais jouer à M. le maire, dans l'affaire du syndicat, le tour qu'il m'a joué dans l'affaire de la mutuelle-bétail. Mes fabri-

ciens ont approuvé le projet et promis leur concours. Profitant d'une réunion de chanteurs, j'ai
exposé à mes hommes les avantages du syndicat
et leur ai proposé de se grouper pour l'achat en
commun de certaines denrées.

Pas d'objection, mais pas d'adhésion non plus.
Oh ! sainte routine ! Peut-être à la routine con-
vient-il d'ajouter un grave motif d'hésitation. Pour
se servir utilement du syndicat, tel qu'il est possible à Belmon, il faut acheter en gros et payer comptant. Or l'argent manque souvent.

Cette difficulté est sérieuse, mais pas insur-
montable. Si quelques familles consentent à se
joindre à celles qui m'ont promis leur concours,
nous nous mettrons immédiatement à l'œuvre.
Après plusieurs achats, tout le monde constatera
facilement les avantages du syndicat. Payer le
sucre 13 sous au lieu de 16, c'est réaliser un bénéfice net de 3 sous : démonstration plus saisissante
qu'un long discours.

Plus tard sera-t-il possible d'organiser le crédit
agricole ? Il me faudrait quelques fonds et ne sais
où les trouver. Ah ! si j'étais riche !

Nous sommes à la veille d'une grande échéance.
Le mouvement cultuelliste, provoqué par quelques
journaux qu'alimentent les fonds secrets, a complètement échoué. Quelques douzaines de prêtres,
déjà tarés, ne suffiront pas pour entraîner le peuple dans le schisme. Mais si l'union du clergé et
sa fidélité au devoir doivent nous réjouir, que de
sombres menaces pèsent encore sur nous ! Dieu
protège l'Eglise et la France !

J'oubliais de te parler de mon procès. Après les explications fournies, le juge d'instruction est persuadé de mon innocence. Il a reconnu qu'on me cherche une mauvaise querelle, mais il a des ordres et ne pourra s'empêcher de porter l'affaire devant le tribunal. Il est bien renseigné sur ce qui se passe à Belmon. Cela me fait supposer que quelque casserole s'intéresse à moi. La condamnation, si condamnation il y a, sera bénigne. Elle me préoccupe cependant, à cause du retentissement que le procès peut avoir dans le département.

J'attends de tes nouvelles avec impatience. N'oublie pas celui, qui, malgré ses ennuis, pense toujours à toi.

Ton tout dévoué...

34. — Informations paroissiales

13 décembre 1906.

Fin du Concordat. — La loi fixe au 13 décembre 1906, la fin du régime concordataire et l'avènement du régime nouveau, appelé Séparation.

A partir du 13 décembre, vous n'êtes plus chez vous dans votre église.

Vous étiez propriétaires de cet édifice construit avec votre argent ; désormais, vous n'en êtes même plus les locataires, mais les simples occupants sans titres et sans droits, que l'on peut expulser dès qu'on le voudra.

Dans votre église, on ne touchera rien encore et probablement on y tolèrera les offices. Les naïfs diront que rien n'est changé.

Vous saurez que votre église ne vous appartient plus, puisque le gouvernement la déclare sienne.

Vous y êtes encore tolérés, parce qu'on a peur de trop vous mécontenter en expulsant le prêtre. Vous en serez chassés, dès que maires et députés vous auront assez trompés pour n'avoir plus rien à craindre de vos votes.

Déclaration cultuelle. — Le gouvernement voudrait que chaque curé déclare les offices qui seront célébrés dans le courant de l'année.

Aucun curé ne fera cette déclaration, parce que nul ne peut prévoir les cérémonies à célébrer pendant toute une année.

En outre, ce serait reconnaître et accepter le vol des églises.

Pour ce refus de déclaration, tous les prêtres s'exposent à l'amende et à la prison. Ils ne craindront ni l'une ni l'autre et continueront, malgré la loi injuste, à célébrer la messe dans les églises, parce que la voix de leur conscience, appuyée, dans la circonstance, par la volonté du peuple, l'emporte sur toutes les lois.

Réunion. — Dimanche prochain, 19 décembre, à 7 heures du soir, aura lieu une conférence sur Jeanne d'Arc.

Des projections lumineuses feront passer sous

les yeux des assistants, les principales scènes de
la vie de cette héroïne et donneront le plus grand
intérêt au récit.

35. — Lettre à **M. l'abbé Delmas**

5 janvier 1907.

Mon cher ami;

Une bonne nouvelle ! Mlle Eulalie a donné sa démission de la cultuelle et je suis chargé de l'annoncer officiellement en chaire. L'association, ne
comptant plus le nombre minimum de membres,
se trouve par le fait dissoute. Son succès a été très
relatif auprès des habitants de Belmon. Malgré la
pluie des faveurs gouvernementales, ces champi-
gnons vénéneux n'ont guère poussé sur notre sol
de France. Le rédacteur de *La Croix* relèvera
l'échec de M. Busquet et l'exploitera de son mieux.

Mais que dis-tu de cette conversion ? s'amender
au point de ne pas reculer devant une rétractation
publique ! Je n'y suis pour rien, tu le devines, car à
certaines dévotes, le curé apparaît toujours comme
l'ennemi. Mlle Eulalie vient de passer trois semaines à Granville, chez une de ses sœurs. Je suppose qu'elle a rencontré quelque personne ou un
confesseur qui l'a éclairée. Cette rétractation a dû
être bien pénible à la bonne femme. Mais tout en
ayant une singulière idée de la religion, elle y est

fermement attachée et tient à ses dévotions. La
piété, même bizarre, est donc utile à tout, comme
dit l'Apôtre.

La terrible échéance est arrivée. Le concordat
est mort et rien ne le fera plus revivre. Le régime de la Séparation commence et nul ne pourrait dire ce qu'il nous réserve. Les évêques sont
unis; par conséquent de ce côté pas de schisme à
craindre. Mais le clergé montrera-t-il le même attachement à son devoir? Le souci du pain quotidien est une dangereuse tentation. Il me paraît
difficile, sinon impossible, d'obtenir le nécessaire
de nos populations, qui sont pauvres et nous
croient riches.

Comme ces préoccupations sont angoissantes
pour un curé de campagne, vivant dans l'isolement et par conséquent dans l'ignorance de tout
ce que prépare le monde ecclésiastique! Tu dois
avoir, comme moi, reçu des confidences attristantes de personnes se croyant en face de difficultés insurmontables. Pourquoi le cacher? J'é-
prouve un peu cette impression déprimante. Tu
diras, peut-être, pour me remonter le moral, que
la crise est plus aiguë dans ma paroisse divisée
et troublée. J'en conviens; je me sens même
plus énervé que d'autres. Tiens, je suis de ceux
qui s'en prennent toujours aux chefs, des échecs
et des faiblesses qu'ils éprouvent eux-mêmes.
Je devrais être plus surnaturel, compter davantage sur la Providence attentive au lys et au
passereau, à plus forte raison soucieuse de ses
prêtres! Mais le caractère sacerdotal laisse sub-

sister les faiblesses de la nature humaine et, malgré tout, nos évêques devraient nous donner confiance, en nous disant : Comptez sur la Providence, mais comptez aussi sur notre prévoyance. Nous ne vous éviterons pas la souffrance ; mais vous n'aurez pas la tristesse d'abandonner, faute de ressources, le champ de bataille, sur lequel vous combattez.

J'avais besoin de te communiquer mes sentiments intimes. Tout le monde les ignore à Belmon, où je dois faire comme si j'avais au cœur les plus belles espérances.

Hier soir, je donnais une conférence sur les engrais. Quel en sera le résultat ? Néant probablement. Sur une telle matière, étudiée superficiellement et sans guide, comment parler avec quelque compétence ? Aussi ne suis-je pas content de moi ; cependant je suis satisfait de mon auditoire. Vingt-sept hommes ou jeunes gens, que l'annonce d'un sermon n'aurait pas attirés, sont venus m'écouter.

Mais en somme personne ne s'est intéressé aux engrais, pas même le conférencier. Une même pensée nous trottait par la tête : comment les acheter à bon compte ? On pensait syndicat. C'est de ce groupement que nous avons fini par nous entretenir. Avec chiffres à l'appui, j'ai montré, au premier achat fait en commun, un tel et un tel réalisant, sans le plus petit dérangement et sur des marchandises de qualité garantie, une économie de 4, 5 et 6 francs. Si cela se répète sept, huit, dix fois dans le courant de l'année, le bénéfice n'est pas à dédaigner. Aussi parle-t-on du syndicat dans toutes les familles, chez moi et même au dehors. Aux Genêts, tout récemment, un homme me désignait à ses camarades, en leur disant : « Tenez, voilà le curé de Belmon, celui qui n'aime pas M. Busquet et fait l'épicier pour ses paroissiens. » « Comment ce curé fait l'épicier, s'écrie l'un d'eux, pas possible ! » Comme je tendais l'oreille pour écouter l'explication qui ne manquerait pas d'arriver, j'entendis cette définition du syndicat : « Il n'est pas épicier, comme les autres épiciers, pour gagner sur les clients ; il est épicier pour faire gagner ses clients. » Et l'interlocuteur de répliquer : « Faudrait beaucoup de curés comme ça ; il doit être rudement bien vu dans sa paroisse. »

J'ai rapporté ce dialogue à M. le curé des Genêts, qui m'a écouté sans rien dire. Son silence fut sa leçon et je ne l'ai pas comprise !...

Selon ta promesse, j'attends ta visite pour mercredi prochain. Nous reprendrons la causerie au point où je la laisse.

Ton tout dévoué en N. S.

36. — Lettre au frère Clément.

15 janvier 1907.

MON CHER CLÉMENT,

Priez pour moi, et, si vous le pouvez, venez me voir cette semaine.

Ce matin, un placard infâme était affiché à la porte de l'église. Son auteur anonyme portait contre moi les accusations les plus déshonorantes.

Peu de personnes l'ont lu, car le carillonneur indigné s'est empressé de le déchirer. Mais le bruit s'en est répandu. J'ai été averti seulement après vêpres.

Je vous raconterai tout, à notre première entrevue que j'espère prochaine. Encore une fois priez pour moi.

Votre respectueusement dévoué.

37. — Lettre à M. l'abbé Lartigue.

17 janvier 1907.

MONSIEUR LE CURÉ,

Je vous remercie des bonnes paroles que vous m'avez adressées. Je vous ai tout dit comme à un confesseur et, avec la douce sympathie du meilleur ami, vous avez essayé de panser la plaie cruelle.

Ne suis-je pas perdu dans l'opinion de mes paroissiens ? Mlle Eulalie a tant parlé sur mon compte ! M. Busquet m'a fait traîner devant les tribunaux et voici qu'un anonyme s'attaque à mon honneur sacerdotal ! Quelle méchanceté !

Si ce n'était pas lâche pour un prêtre de quitter son poste de combat lorsque les ennemis l'attaquent de toutes parts, je demanderais mon changement. J'envie ces moines, qui, séparés du monde, n'ont qu'à suivre leur règle pour se sanctifier. Ils ont au moins la paix de la conscience.

Cette paix, je ne l'ai pas. Faut-il vous le dire ? — vous êtes prêtre et par conséquent plein d'indulgence — je me demande si, dans mes relations avec la famille Dubreuil, je ne dois pas me reprocher au moins des imprudences, et si, dans ma lutte contre M. Busquet, je n'ai point cédé parfois à une vivacité exagérée. Je m'accuse souvent de manquer de modération. Plus de tact et de ménagements auraient peut-être obtenu un meilleur résultat. Cependant tout autre à ma place n'aurait-il pas fait ce que j'ai dû faire ? Si j'étais à recommencer, pourrais-je éviter le scandale par lequel on veut salir ma réputation ?

Je vous ai ouvert grandement mon âme, afin de vous permettre d'y lire à votre aise. J'ai besoin d'un guide pour me tracer le devoir, devenu obscur au milieu du trouble qui m'a envahi. Aidez-moi en me disant toute la vérité sans ménagement. Docilement je me conformerai à vos conseils.

Dans quelques jours, je dois donner une conférence sur Lourdes, mais je ne puis fixer mon attention sur les livres. J'ai eu un moment la pensée de renvoyer cette réunion. Craignant d'être accusé de n'oser paraître en public, j'ai préféré la maintenir. Mon esprit est cependant bien peu disposé à l'étude.

Mon procès me donne beaucoup de soucis. Je dois chercher des témoignages montrant, dans les actes incriminés, cette médecine vulgaire qui est une forme de la charité. Le pharmacien se rendra lui-même à l'audience pour déposer en ma faveur. Aucun médecin n'intervenant dans l'instance, je devrais espérer une heureuse issue ; mais après ce qui vient d'arriver, tout me fait peur.

Plus que jamais je compte sur votre amitié et vos prières. Agréez...

38. — Article de « la Croix »

25 janvier 1907.

Désaffectation du Presbytère. — M. Busquet est un de ces hommes qui n'aiment pas à perdre le temps.

A peine le Parlement a-t-il voté la loi lui donnant, en sa qualité de maire de Saint-Clair, la libre disposition des deux presbytères de la commune, qu'il annonce son intention de les désaffecter. Si nos informations sont exactes, il aurait même déjà fait signifier, à MM. les curés de Saint-Clair et de Belmon, l'ordre de déménager avant le 12 février.

Le presbytère de Belmon, que personne, dans le village, n'aurait le courage ou plutôt la faiblesse de louer, serait transformé en salle publique de bal.

Nous comprenons la légitime colère des habitants de cette commune. Un maire sectaire va les priver de leurs curés. Sans distinction de partis, tous les électeurs blâment cette mesure et se préparent à montrer à M. Busquet qu'on ne les provoque pas impunément.

Nous ne connaissons pas la ligne de conduite donnée par les Evêques aux prêtres expulsés de leur presbytère; mais, à Saint-Clair et à Belmon, si MM. les curés ne sortent pas spontanément, la présence de la gendarmerie ne sera pas inutile pour permettre à notre illustre maire de réaliser ses projets.

M. Busquet a été déjà l'objet d'une manifestation peu sympathique, qui l'a obligé à faire réparer les vitraux de l'église. Il devrait se souvenir de la leçon, car si un nouvel éclat se produisait, il pourrait, cette fois encore, ne pas avoir à s'en féliciter.

Trop souvent, M. le maire, comme la plupart de nos démocrates gouvernants, s'est moqué de la volonté de ses administrés.

Qu'il prenne garde ! Il pourrait un jour payer de son écharpe ses tracassières et ridicules fantaisies.

39. — Lettre à M. l'abbé Delmas

1er février 1907.

MON CHER AMI,

L'infâme placard, affiché sur les murs de l'église, ne suffit pas à mes adversaires. Pour mieux m'atteindre, on se sert du journal.

J'ai reçu par la poste un numéro de l'*Eclaireur*, dans lequel je suis nettement accusé de faire du commerce sous le couvert du syndicat et dénoncé au procureur de la République, comme ne payant pas patente. C'est absurde, car d'après la loi, tout syndicat est exonéré de patente, lorsque ses membres seuls profitent des achats faits en commun. On veut m'intimider et surtout intimider mes paysans. Ici on chuchote — je sais bien qui a lancé le canard — que tous les syndiqués vont être poursuivis avec moi et seront obligés de payer les frais considérables du futur procès. Le numéro de l'*Eclaireur* a été envoyé à toutes les familles de Belmon, par quelqu'un qui a intérêt à les éclairer.

Ce n'est pas tout. M. Busquet tente de jeter le soupçon sur la gestion du syndicat et par conséquent sur mon honorabilité. D'après ses dires, certains paysans, naturellement Cantarel est du nombre, laissent entendre que la réduction, obtenue sur chaque achat, pourrait être plus forte. Je réaliserais des bénéfices aux dépens de tous et peut-être même aurais-je une commission sur la commande. Tu le vois, à tout prix on veut me casser les reins ; en cinq ans, je serai la troisième victime de M. Busquet.

Et pourtant, si je voulais, au lieu de me défendre, je pourrais attaquer. Je connais de jolis tripotages dans le budget municipal. Je raconterais, si j'étais vindicatif, un petit panama local, dont la divulgation ferait rire jaune certains champions de l'anticléricalisme. Mais je dois me taire, au moins pour le moment.

Il faut pourtant me défendre de l'accusation portée par l'*Eclaireur*. Quand je pressais M. Busquet de mes questions, j'ai triomphé de son silence. Je ne puis donc, à moins de reconnaître ma culpabilité, faire le mort. Je m'expliquerai, puisqu'il le faut.

M. Busquet ne bronche pas pour le presbytère. Je crois que l'article de *La Croix*, corroboré et complété par les explications de mes feuilles, a produit son effet. M. Lartigue est décidé à tout, même à se laisser expulser par la force. Dans cette affaire, commune aux deux paroisses, nous concertons nos mesures pour nous prêter un mutuel appui.

Mes fidèles veulent me maintenir dans le presbytère et m'ont promis une défense énergique. Mais à la seule apparition d'un bicorne, ce sera la déroute. Ah ! si les gendarmes n'intervenaient point, ou si les procès-verbaux et la prison n'étaient pas à craindre, j'aurais toute la paroisse pour me protéger contre les expulseurs, ou plutôt il n'y aurait pas d'expulseurs.

Cependant je ne veux pas te dépeindre ma situation aussi noire que l'étaient les fusains de notre professeur de dessin du Petit Séminaire. Nous lui avions appliqué le mot d'une scie alors à la mode. Ils représentaient toujours des nègres, couchés au fond d'une mine de charbon, après une explosion de grisou qui avait éteint toutes les lampes. Le grisou de M. Busquet n'a pas éteint ma lampe, Belmon ne ressemble pas à une galerie de mine et je ne suis pas un nègre. Malgré tout, mon syndicat marche. Trente familles en font partie. La dernière commande en sucre, huile, café et savon, s'est élevée à 325 francs. Au prix courant de ces diverses marchandises, elle aurait atteint 410 fr.; c'est donc un bénéfice de 85 francs.

Par contre, j'ai à peu près échoué pour les engrais. Mon éloquence n'a pu triompher de la routine, puisque seulement 35 quintaux ont été demandés. M. de Lucey a sauvé la situation, en joignant ses achats aux notres, ce qui a permis au syndicat de Belmon de réclamer 100 quintaux Le résultat obtenu décidera-t-il les hésitants !

Sans être désespérée, ma position n'est pas brillante.

Diffamé par une accusation anonyme, traqué par l'*Eclaireur*, menacé d'un procès, discuté dans ma paroisse, à la veille d'être expulsé comme un va-nu-pied, que peut-il m'arriver encore ? Le soir, lorsque je me couche, je me pose cette question : Quel désagrément te réserve demain ?

Quoiqu'il arrive, il me reste des amis : Avec toi, M. Lartigue, et quelques autres ! Après Dieu, aux heures mauvaises, vous êtes ma force et ma lumière.

Du fond du cœur, je te remercie de ta bonne amitié.

Ton tout dévoué en N.-S...

40. — Informations paroissiales

7 février 1907.

Menace de procès. — D'après un journal, distribué aux frais d'un personnage inconnu, qui doit avoir grand intérêt à vous le faire parvenir, je serais l'objet de poursuites judiciaires à cause du syndicat.

Notre association est régulièrement établie et fonctionne en parfaite conformité avec la loi. Aussi non seulement je ne crains rien des tribunaux, mais je mets au défi nos adversaires de m'intenter un procès.

On m'accuse de faire du commerce. Allons donc ! Un commerçant cherche à faire sa propre fortune, en gagnant le plus possible ; et moi, je ne cherche, vous le savez, que votre bien. Votre cotisation cultuelle me donne de quoi subvenir à mes besoins. Je ne demande rien de plus. Cette cotisation cependant vous grève d'un impôt nouveau, d'autant plus lourd que certains habitants de Belmon s'abstiennent de payer leur part. Aussi votre curé, qui parmi vous ne veut être ni un oisif ni un parasite, essaye-t-il, par le moyen du syndicat, de vous rendre ce que vous lui donnez, sinon davantage.

Presbytère. — Le bruit s'est répandu que j'avais motivé l'ordre de déménager avant le 12 février, par mon refus de louer le presbytère. N'en croyez rien. J'ai écrit, dès le 6 janvier, une lettre à M. Busquet pour lui demander les conditions de location. La réponse a été l'ordre de quitter mon logis.

Vous apprécierez cette conduite, comme elle le mérite. M. le maire, qui se passe volontiers de religion, méconnaît votre volonté de ne pas vous en passer, puisqu'il cherche à vous enlever votre curé.

Jusqu'au 12 février, je reste dans le presbytère.

Pour le mardi 10 du même mois, tous les habitants de Belmon sont convoqués au lieu habituel de nos réunions. Vrais propriétaires de l'immeuble curial, c'est à eux que je fais appel. Je me conformerai à leur ordre, parce que seuls ils ont le droit de décider mon maintien ou mon départ.

A propos de l'église. — En vertu de la loi du 3 janvier 1907, « la jouissance des églises et des meubles les garnissant est attribuée au moyen d'un acte administratif dressé par le maire », au curé qui en fait la demande.

En vertu de la loi de 1884, les maires peuvent, sans autorisation du préfet, signer des baux « dont la durée ne dépasse pas 18 ans ».

Au nom de ces deux lois, les Evêques ont pres-crit à tous les curés de demander la jouissance gratuite des églises pour une durée de 18 ans.

Tous les maires indépendants ont déclaré être prêts à signer la concession des églises. Seuls les maires, magistrats municipaux, domestiqués par le gouvernement, ont invoqué une circulaire pré-fectorale, obligeant seulement qui veut en tenir compte, parce qu'elle est sans valeur légale, et ont refusé la concession ou ajourné leur réponse.

Dans quelle catégorie se rangeait M. Busquet ? J'avais besoin de le savoir et lui ai adressé le billet suivant :

« Monsieur le maire, par ordre de Monseigneur, je vous envoie un modèle de contrat concernant la jouissance gratuite de l'église de Belmon. Veuillez en prendre connaissance et me dire si personnelle-ment vous êtes disposé à ratifier ce projet. »

M. Busquet n'a pas daigné répondre ; un accusé de réception n'est pas une réponse.

Donc, ou bien M. Busquet ne pense rien, avant que M. le préfet ne lui ai dit ce qu'il doit penser, ou bien ce qu'il pense est si vilain qu'il n'ose pas le dire.

41. — Lettre à M. l'abbé Savignac

13 mars 1907.

Mon cher ami,

Les journaux ont embelli mon succès. Sans doute, je suis encore au presbytère, puisque, malgré ses menaces, M. Busquet n'a pas osé m'en déloger. Mais il n'y a eu ni attroupement, ni résistance active.

Voici les faits. Dès le 10 janvier, le maire de Saint-Clair m'écrivait une lettre très sèche, par laquelle j'étais invité à quitter la maison curiale. Il semblait dire, tout en me donnant le 12 février comme date extrême, que mon intérêt me commandait de hâter le déménagement.

Mon ennemi était pressé ; donc, je devais chercher à gagner du temps, ne serait-ce que pour aviser la population. Par un article de la *Croix* et par plusieurs de mes *Informations,* mes paroissiens furent mis au courant. Il y eut assemblée plénière du syndicat le 10 février, à laquelle j'invitai tous les hommes par carte, leur annonçant mon intention de les consulter sur l'affaire du presbytère. M. Lartigue, à Saint-Clair, menacé comme moi, se préparait aussi à faire bonne contenance. Notre sort étant identique, nous nous tenions en rapport constant pour nous communiquer nos projets et nos vues.

Par curiosité ou par intérêt, la très grande majorité des fidèles répondit à mon appel. J'expliquai la situation et leur demandai de me tracer une ligne de conduite. A l'unanimité, on me dit de rester où j'étais. Cantarel, venu probablement pour espionner, opina comme les autres.

Fort de mon droit et de l'appui au moins moral de mes paroissiens, je me prépare aussitôt à la résistance.

Le 12 passe sans que mes meubles se mettent en mouvement. La semaine n'amène aucun incident.

Le 20 février, M. Busquet furieux envoie le garde-champêtre demander les clefs. Refus catégorique.

Pour ne pas avoir de démenti, le maire mande aussitôt les gendarmes. Le brigadier, devinant une équipée ridicule, répond qu'ils ne pourront venir que le 22 au matin.

Cette journée de répit ne fut pas perdue. Je l'ai employée à visiter les conseillers de la section, dont deux font partie du syndicat. Se sentant soutenus par la population et humiliés du sans-gêne de M. Busquet qui ne les consulte jamais, mes édiles se décidèrent à porter leurs plaintes à l'autocrate lui-même, oh ! très timidement et presque en suppliants.

Entre temps le bruit de l'expulsion prochaine s'était répandu. On parlait de s'opposer, même par la force, à mon départ. Nombre de ces braves, qui ne craignent rien et parlent beaucoup tant qu'il n'y a pas de danger, auraient probablement manqué à l'appel, s'il avait fallu résister. Mais chat échaudé craint l'eau froide ; la manifestation des vitraux donnait à réfléchir à M. le maire. Cela pouvait mal tourner, même avec la présence des gendarmes.

J'ignore ce qui se passa dans l'entrevue des conseillers municipaux avec M. Busquet. Toujours est-il que le 22 février les gendarmes vinrent à la mairie, mais ne se présentèrent ni chez M. Lartigue, ni chez moi.

L'affaire en est là. En attendant une solution, je reste dans la place, comme Mac-Mahon à Malakoff.

Toutes ces histoires attristantes nous montrent bien dans quelle situation précaire nous à placés le régime de la Séparation !

Mon syndicat épicier, comme on dit dans le pays, fonctionne admirablement et compte pour le moment 33 membres. Une grave difficulté empêchait les familles indigentes de bénéficier de ses avantages. La solution est arrivée au moment où je m'y attendais le moins, sous la forme de deux billets de banque. Une personne, que je connais à peine, mais qui, paraît-il, suit mes efforts avec intérêt, a bien voulu mettre la somme de 200 francs à ma disposition. Comme nous ferions du bien autour de nous, si certaines familles chrétiennes savaient prélever quelque chose sur leurs fantaisies et aider de leurs libéralités les prêtres qui veulent lutter pour l'Église !

Tandis que je tiens bon dans le presbytère et que le syndicat progresse, les tribunaux m'infligent une douloureuse condamnation : 500 francs d'amende et deux jours de prison, pour exercice illégal de la médecine. Les juges, reconnaissant mon désir d'être utile à la famille dont j'ai sauvé l'enfant, ont bien voulu, pour cette fois, m'accorder le sursis.

L'*Eclaireur* de Granville mène grand bruit autour de l'affaire. A l'en croire, je serais un professionnel de la médecine illégale et un exploiteur de mes naïfs paysans. Dans le département l'affaire peut paraître avoir une certaine importance. Mais à Belmon, les gens sont trop bien renseignés pour se laisser prendre aux déclamations de l'*Eclaireur*. C'est seulement pour leur rendre service et toujours gratuitement que je donne les remèdes nécessaires dans les cas urgents. On le reconnaît et l'autorité du journal blocard s'en trouve affaiblie. Bon nombre de familles brûlent cette vilaine feuille sans même déchirer la bande. Du reste, aucune n'y est abonnée. Malgré ma condamnation, une femme, blessée au bras, est venue hier encore me demander un remède. Je le lui ai donné, comme j'aurais donné un morceau de pain à un mendiant, c'est-à-dire par charité. Si tu croyais le curé de Belmon tranquille au fond de son presbytère comme certains de nos confrères, tu te trompais. Dieu me tiendra compte de mes tribulations. En attendant, je te félicite de n'avoir pas de Busquet à Sainte-Cécile.

Ton tout dévoué en Notre-Seigneur.

42. — Lettre à M. Dubreuil

2 mars 1907.

Monsieur,

J'ai le devoir de vous mettre au courant de certains faits ignorés de vous et dont la paroisse s'entretient depuis quelque temps.

Un placard odieux était affiché, le dimanche 15 janvier, à la porte de l'église, incriminant mes visites chez vous. Le respect que je vous porte et que je porte à Mademoiselle votre fille, m'empêche de vous en faire connaître le contenu.

L'insulteur anonyme ne s'en est pas tenu là. Avant-hier, il envoyait des lettres, sans signature naturellement, à un certain nombre de paroissiens.

L'une d'elles m'a été communiquée. Elle est trop infâme pour que je puisse vous la transmettre.

Le but qu'on poursuit est évident. On veut, en me rendant insupportable le séjour de Belmon, m'obliger à demander mon changement.

Quel est l'instigateur de cette campagne ? Je ne le sais pas et ne ferai rien pour le savoir.

Mon premier mouvement a été de cesser toute relation avec vous, pour mettre fin au débordement de méchancetés dont je suis l'objet, sans répondre, du reste, à ces injures autrement que par un dédaigneux silence. Des personnes expérimentées, à qui j'ai demandé conseil, m'ont fait remarquer le danger d'une telle ligne de conduite qui semblerait confirmer les accusations et tournerait peut-être au détriment de mon honneur sacerdotal.

Je serais donc d'avis de ne rien changer, si vous le permettez, à nos habitudes et de ne point renoncer à l'amitié précieuse, dont vous voulez bien m'honorer.

C'était pour moi un devoir de loyauté de vous prévenir ; ce sera pour moi un devoir de conscience de me conformer à votre décision.

Mais encore une fois, à mon avis, la meilleure tactique serait de tenir contre l'orage d'autant plus fermement que le procédé est plus honteux.

Ces outrages, infligés à votre famille comme à moi par un être infâme, en haine de la religion dont je suis le représentant, je vous demande, Monsieur, de les accepter en union avec Jésus-Christ mourant sur le Calvaire, outragé par ceux-mêmes qu'il venait sauver.

Je ne retournerai à Conguise que sur un mot de vous, et je laisse à votre jugement de décider s'il faut ou non prévenir Mlle Dubreuil.

Veuillez agréer...

43. — Article de « La Croix »

30 mars 1907

Lettres anonymes.

Depuis quelque temps sévit à Belmon la répugnante manie des lettres anonymes.

L'année dernière, au lendemain des élections, un personnage colportait partout certains bulletins de vote, sur lesquels on lisait des inscriptions offensantes pour certaines familles. Il est difficile de comprendre comment et par qui ces bulletins, qui auraient dû être brûlés après le scrutin, ont pu être conservés. Mais il est encore plus étrange d'oser les faire circuler.

Quelques mois plus tard, vers la fin de janvier de la présente année, un placard anonyme était affiché, pendant la nuit, sur les murs de l'église.

Une fois, dans le courant de février et deux fois, en mars, des lettres injurieuses et sans signature, bien entendu, ont été envoyées à plusieurs domiciles.

La *Croix* de Granville est actuellement l'objet d'une tentative de chantage. Elle dit trop de vérités et démasque trop d'hypocrisies. Aussi a-t-elle l'honneur de mériter la haine de certain personnage qui se croit tout permis.

Les lettres anonymes sont une arme lâche et indigne. Un homme de cœur n'attaque jamais qu'en se faisant connaître. Nous livrons ce procédé au mépris de tous les honnêtes gens. Rien ne nous intimidera dans la campagne d'assainissement entreprise à Belmon. L'*Eclaireur*, qui, tout en soutenant une politique différente de la nôtre, s'intéresse comme nous à la commune de Saint-Clair, s'associera certainement à notre protestation. M. Busquet lui-même, que nous croyons un homme de cœur, ne manquera pas de flétrir avec nous l'auteur de ces lâchetés.

44. — Lettre à M. le doyen de Granville

22 avril 1907

Monsieur le doyen,

S'il m'était permis de me plaindre, je vous reprocherais de ne pas me traiter avec la sévère, et franche bonté d'autrefois.

Vous avez voulu éviter le plus possible de me faire de la peine, tout en vous acquittant d'une mission délicate. A travers vos réticences et vos conseils, il est facile de le voir, vous êtes chargé d'obtenir ma démission. L'Evêché, assailli de plaintes, ne pourrait plus me soutenir et serait bientôt dans la nécessité de m'imposer un déplacement.

Malgré ce que vous me dites et ce que vous ne me dites pas, malgré surtout le désir de vous être agréable, je ne puis vous satisfaire. Je n'obéis pas à un sentiment d'amour-propre. Si je le jugeais utile au bien de Belmon, j'aurais le courage, me semble-t-il, de consentir à tout.

Mais, le sacrifice de ma réputation me paraît inutile, car mon remplaçant n'aurait pas une situation plus nette ni plus facile. Mes adversaires seraient les siens, comme ils ont été ceux de mes prédécesseurs. Ils ne lui laisseraient pas plus de repos, à moins qu'il ne fut tout entier à leur dévotion. Dès lors ce n'est pas la peine de me déplacer et de leur accorder un triomphe qui les rendrait plus arrogants.

En second lieu, puisqu'il y a des preuves contre moi, ou du moins, comme vous le dites, contre Mlle X..., me serait-il permis d'en prendre connaissance ? Un inculpé ne saurait être condamné et surtout exécuté sans avoir été apppelé à s'expliquer.

J'ai quelque raison de croire que le dossier, formé contre moi, est tout simplement, pour le dire sans ménagements, un ramassis de faux. Je connais assez les procédés de ceux qui veulent m'obliger à quitter Belmon.

Enfin, monsieur le doyen, qui peut dire si ma situation est intenable ? L'*Eclaireur*, c'est vrai, fait grand bruit autour de mon nom. Mais ce serait mal s'éclairer que de s'en rapporter à ce journal... ou aux dénonciations anonymes.

Je me fais peut-être illusion, mais il me semble avoir pour moi la grosse majorité de la population. Si mes adversaires font beaucoup de bruit, ils sont peu nombreux. Je reçois toujours les mêmes témoignages de respect et les cotisations du Denier du culte sont payées régulièrement comme par le passé. Si Belmon était aussi troublé qu'on veut bien le dire, les fidèles m'auraient déjà coupé les vivres.

Je me permets, monsieur le doyen, de vous soumettre respectueusement ces réflexions. Je me retirerai de Belmon lorsque tout sera pacifié, ou lorsque Monseigneur m'intimera l'ordre de partir. Dans ce dernier cas, l'obéissance serait pénible, mais prompte.

Veuillez agréer...

45. — Lettre à M. l'abbé Lartigue

28 avril 1907.

MONSIEUR LE CURÉ,

Il y a quelques jours, M. le doyen de Granville m'écrivait pour obtenir ma démission de curé de Belmon. Il agissait probablement à l'instigation de Monseigneur.

Ma réponse a été catégorique : à moins d'ordre formel je ne partirai pas. Quand j'ai écrit ma lettre, le refus me semblait dicté par des motifs surnaturels ; mais maintenant, je doute. Peut-être ai-je trop écouté mon amour-propre, qui ne veut pas se résigner à l'humiliation d'un échec devant M. Busquet ni à la flétrissure de mon honneur. Il est inutile de vous mettre au courant des menées de mon adversaire et des accusations dont je suis l'objet. Vous savez tout.

Craignant d'avoir été un jugé trop partial dans ma propre cause, je vous prie de vous rendre auprès de Monseigneur pour lui exposer ce qui se passe à Belmon. Vous êtes délié de tout secret et vous pouvez parler librement. Quelle que soit la sentence de notre évêque, je l'accepte d'avance avec une profonde soumission. N'ayant jamais fait part à M. le doyen de Granville, ni à aucun membre de l'administration, de mes ennuis à Belmon, mes supérieurs sont imparfaitement éclairés. Vous aurez l'autorité et l'impartialité voulues pour tout remettre au point.

Si je consens à mon changement, ne me croyez pas découragé. Je suis grandement affecté, mais résolu, pourvu qu'on me laisse faire, à ne pas céder devant l'ennemi. J'ai pour moi ma conscience et l'appui de mes paroissiens.

Je vous remercie du fond du cœur de toutes vos bontés. C'est dans les moments où l'on se sent abandonné, que l'on apprécie les vrais amis.

Agréez...

46. — Lettre au frère Clément

29 avril 1907

MON CHER CLÉMENT,

Le prêtre est un autre Christ. Comme son divin Maître, il doit être prêt à supporter toutes les épreuves. Il lui est permis de faire la prière du jardin des Oliviers : « Que ce calice s'éloigne de moi. » Mais si la main de Dieu, représentée par celle de ses supérieurs, lui offre quand même la coupe d'amertume, il doit l'accepter en disant : « Que votre volonté soit faite et non la mienne. »

Quand on m'a parlé de me déplacer, j'ai dit : « Que ce calice s'éloigne de moi. » Mon changement ne peut manquer d'être interprété comme un désaveu public. Pour des motifs naturels ou surnaturels qu'il ne m'est pas facile de démêler, mon cœur se brise à la pensée de quitter Belmon.

Et cependant je n'ai plus d'illusion à me faire. La lettre de l'Evêché est là devant moi, qui, dans sa sécheresse administrative, me notifie le déplacement. J'obéirai sans murmurer, mais non pas sans souffrir.

Oui, j'aime mes paroissiens, peut-être de l'amour de prédilection d'une mère pour son enfant premier-né ou malade. A Belmon, j'ai eu peu de satisfactions spirituelles et beaucoup d'ennuis. Je pars presque déshonoré. J'aime, et de tout mon cœur, ceux qui m'ont soutenu dans mes luttes ; j'aime ceux qui m'ont abandonné ou même combattu. Ces derniers ne sont pas méchants, ils sont seulement égarés. Et comme le Christ, je redis volontiers : Pardonnez-leur, car ils ne savent ce qu'ils font. »

Il me semble que tout m'abandonne, même Dieu, puisque mon Évêque, son représentant, me désavoue publiquement. Vous le dirai-je ? mais pour vous seul : le vide s'est fait autour de moi. Mes confrères ne m'invitent guère plus à leurs réunions. Seuls l'abbé Delmas et M. Lartigue m'ont conservé toute leur amitié. Les autres, que Dieu leur pardonne, ont été assez naïfs pour se laisser berner par la presse antireligieuse ! L'évêché mal informé, me condamne sans m'entendre et M. Busquet triomphe.

Que sera mon ministère dans la paroisse qui va m'être confiée ?

Agréez...

47. — Lettre au frère Clément

1er mai 1907.

Mon cher Clément,

Un pli, reçu à l'instant, m'annonce que Monseigneur me maintient à Belmon.

Dans la surprise causée par cette nouvelle, je ne

sais si je dois me réjouir ou me plaindre. Le sacrifice était fait ; Dieu ne l'a pas accepté.

Que s'est-il passé ? A-t-on appris du nouveau ?

M. l'abbé Lartigue est probablement intervenu. Il a dû dire tout ce qu'il savait et Monseigneur, mieux informé, a retiré l'ordre de départ.

J'avais dit dans les larmes : Que votre volonté soit faite. Je redis cette même parole, mais avec moins de peine. Remerciez le bon Dieu avec moi.

Agréez, etc...

CHAPITRE V

La Trêve

48. — Lettre à Mademoiselle Dubreuil

15 mai 1907.

Mademoiselle,

Vous avez appris, par M. l'abbé Delduc, les odieuses manœuvres tramées pour obtenir mon départ. Mes adversaires avaient réussi. Pendant vingt-quatre heures, j'ai gardé sur ma table l'avis de mon changement. Grâce aux renseignements fournis par M. Lartigue, Monseigneur est revenu sur sa décision.

Je vous remercie du fond du cœur de votre excellente lettre. Dans l'adversité, on apprécie les amis.

Vous auriez beaucoup perdu, dites-vous, à mon éloignement. Le bon Dieu y aurait pourvu. Si j'ai pu vous faire quelque bien, il faut le bénir seul, sans trop vous attarder à l'instrument imparfait

dont la grâce s'est servi. Je pouvais partir ; le
représentant de Jésus-Christ, sous un autre nom,
serait resté. Vous pouviez conserver de moi, si
vous le vouliez bien, le souvenir qui s'attache au
premier prêtre à qui Notre-Seigneur vous a fait la
grâce d'ouvrir votre âme tout entière; mais sur
mon successeur vous deviez reporter votre confiance et votre dévouement.

Vous dites encore que, restant à Belmon, je vais
vous rendre tout à fait dévote. Je l'espère, car
en vous rendant dévote, je vous aurai fait le plus
grand bien, puisque vous serez dévouée à Dieu de
tout votre cœur, de tout votre esprit, de toutes vos
forces, comme l'exige le premier commandement.

Vous avez été un peu sévère à l'égard de M. Busquet. M. Dubreuil pouvait l'être; il défendait sa
fille. Mais vous, au lieu de l'exciter, vous auriez dû
l'apaiser. N'avez-vous pas obéi, sans vous en douter,
au secret plaisir de venger une injure personnelle?

Cependant je ne vous blâme pas de lui avoir fait
sentir la réprobation méritée par ses actes sectaires et ses basses calomnies. Soyez catholique
fièrement. Sachez montrer qu'on ne peut à la fois
être l'ennemi de votre religion et votre ami. Il faut
imiter le divin Maître jusque dans sa sainte colère, quand il se fit un fouet de cordes pour chasser les vendeurs du temple; mais n'y mêlez pas de
ressentiment personnel.

Ce ne serait vraiment pas à moi à vous reprendre!
Je me reproche souvent d'avoir manqué de tact et
de modération dans mes démêlés avec M. Busquet.
Mon indignation s'est exprimée peut-être en des

termes où l'on sentait trop la colère de l'homme et pas assez le zèle du prêtre. Ne m'imitez pas.

Je vous suis cependant bien reconnaissant du sentiment qui vous a fait prendre en main la défense de ma cause. A votre menace de ne plus recevoir M. Busquet, je dois sans doute d'éviter la difficulté soulevée par le bordier de Sadoulas. La plainte, portée par ce dernier contre moi devant le juge de paix pour avoir fait payer la chaise à sa fille, a été retirée. L'instigateur a dû donner des ordres pour que le plaignant n'insiste pas.

Encore une fois je vous remercie, mademoiselle, de toutes les preuves de sympathie que vous me donnez et des bons sentiments que vous m'exprimez. Veuillez présenter mes respectueux hommages à M. Dubreuil, et agréer, etc.

49. — Lettre à M. l'abbé Lartigue

2 juin 1907.

Monsieur le curé,

Nous assistons à une véritable conversion. M. Busquet n'a plus comme autrefois les allures de farouche anticlérical. Il n'est plus l'ennemi des curés et veut bien oublier ses griefs contre moi.

Une grâce mystérieuse a touché son cœur et opéré ce profond changement. D'abord, il est officiellement candidat aux élections prochaines du Conseil général. La crainte de l'électeur devient pour lui, comme pour tant d'autres politiciens, le commencement de la sagesse. Ensuite, une scène très violente chez M. Dubreuil lui a donné à réfléchir. Mademoiselle lui a reproché la calomnie dont il n'a pas craint de la salir, les écrits anonymes distribués dans la paroisse, et enfin les manœuvres infâmes employées pour tromper l'entourage de Monseigneur. On ne lui a ménagé aucun des justes reproches mérités par sa conduite. M. Dubreuil qui adore sa fille, indigné des outrages dont elle était l'objet, a menacé son cousin de lui interdire sa maison et d'exiger de lui le paiement immédiat d'une grosse dette au cas où toutes les taquineries dont je suis l'objet ne cesseraient pas.

M. Busquet n'a pas trouvé un mot pour se défendre. Il a promis tout ce qu'on a voulu, sans avoir même la présence d'esprit, lui que le mensonge n'effraie guère, de protester de son innocence. La soudaineté des reproches et la juste indignation de M. Dubreuil l'ont déconcerté.

Ce revirement complet se traduit par des avances. Si j'en crois un conseiller municipal, toutes les questions en suspens vont être réglées conformément à mes désirs. L'arriéré de la seconde messe sera payé et le crédit légal voté pour le temps qui reste à courir. Le presbytère sera laissé en jouissance gratuite, aussi longtemps que M. le préfet ne mettra pas la municipalité en demeure de louer. Attendons le prochain conseil. Dès que la séance aura été tenue, ayez la bonté de me faire passer le texte exact de la délibération.

Caminat et Landou ont accepté de représenter Belmon au congrès chargé de désigner le candidat catholique au Conseil général. Leur embarras est grand, car ils ne connaissent ni M. de Larenty ni M. Duval. Leurs préférences iraient à ce dernier, qui réside constamment dans le canton. C'est la raison alléguée devant moi pour cacher une arrière-pensée : pensée idiote, je sais bien, mais profondément gravée dans leur tête. Pour nos gens de la campagne, même les meilleurs, les nobles rêvent le rétablissement du régime féodal. Les familles aristocratiques habitent trop peu la campagne et quand elles y séjournent, elles n'entrent pas assez dans l'intimité de nos populations rurales. Je voudrais les voir, comme autrefois, travailler à l'unité de la famille villageoise et se faire les protectrices de nos paysans.

Quoiqu'il en soit de ces considérations, les deux représentants de Belmon sont des hommes sûrs, qui soutiendront de toute leur influence le candidat désigné par le congrès.

Le nombre des lecteurs de la *Croix* augmente sans cesse ; il atteint présentement le chiffre de 29 et d'autres demanderont à s'abonner. La chronique locale constitue le plus puissant attrait. Elle recrute des abonnés jusque dans votre paroisse. D'après le rédacteur, vous auriez environ 15 numéros tous les dimanches distribués par la poste. Ne vous plaignez point, car si cette lecture ne bonifie pas vos paroissiens, elle ne les gâte pas, et probablement M. Busquet préfèrerait voir l'*Eclaireur* s'implanter dans sa commune. Cela suffit pour que je me réjouisse du succès grandissant de la *Croix*.

Veuillez agréer...

50. — Lettre à M. le Vicaire Général

20 juin 1907.

MONSIEUR LE VICAIRE GÉNÉRAL,

Profitant de l'entière liberté qui m'a été laissée, j'ai organisé la paroisse de Belmon de telle sorte que le culte puisse s'y exercer sans aucun secours, ni de l'État, ni de la commune.

Dès mon arrivée, les chefs de famille, convoqués pour jeter les bases de la nouvelle organisation, se sont imposés généreusement. A moins d'impossibilité absolue, la cotisation ne descend pas au-dessous de 5 francs et s'élève proportionnellement aux impôts; pour quelques-uns, elle atteint 25 et 30 francs.

Durant l'année 1906, quatre familles ont refusé, suivant l'expression reçue à Belmon, « de faire comme les autres », c'est-à-dire de participer au culte selon leurs moyens. Elles s'obstinent à ne vouloir payer que lorsqu'elles auront besoin du curé. Telle est la formule insultante qu'ils emploient : on paie le prêtre à la tâche et seulement pour soi ! Des gens se disant chrétiens montrent beaucoup d'égoïsme et peu de sens social.

L'année 1907 a compté un réfractaire de plus.

Les conseillers paroissiaux ont vu le danger. Dans un avenir plus ou moins rapproché, les défections augmentant annuellement, le culte normal cessera d'être assuré. La grande majorité des habitants de Belmon désirerait que nul ne se dérobe impunément aux charges cultuelles et que les réfractaires ne jouissent pas des droits et des honneurs accordés aux autres.

Je leur ai fait observer que mon ministère proprement pastoral, étant tout surnaturel, ne dépendait en aucune manière de leur décision. Les âmes de tous m'ont été confiées, non par la communauté paroissiale, mais par mes supérieurs ; dès lors, je ne peux refuser à personne rien de ce qui est essentiel à ce ministère. Pour le reste je transmets leur requête à Monseigneur, juge en dernier ressort des mesures à prendre à l'égard des réfractaires.

Voici les désirs de mes paroissiens :

1° A ceux qui refuseraient toute cotisation, les secours religieux seraient accordés, mais sans aucune solennité. Je donnerai gratuitement ce qui dépend uniquement de mon pouvoir d'ordre ou de juridiction. Les honneurs leur seraient complètement refusés, soit pour le baptême, soit pour le mariage, soit pour les obsèques célébrées sans chantre, sans sonnerie de cloches et sans lumières autres que celles strictement requises par la liturgie ;

2º Le réfractaire, qui s'engagerait à verser tout l'arriéré et à payer désormais sa cotisation annuelle, se mettant de lui-même en règle, obtiendrait les honneurs ordinaires ;

3º L'argent versé dans ces conditions demeurerait entre les mains des conseillers paroissiaux et serait employé à diminuer la part contributive de chacun pour l'année suivante.

L'application de ces mesures peut se présenter d'un moment à l'autre. Un vieillard, atteint d'une maladie de cœur pouvant l'emporter à tout instant, s'est placé dans la catégorie des réfractaires sous prétexte que, ne tenant pas la bourse, il ne peut ni donner, ni refuser pour le culte ; son fils, un des plus riches propriétaires de la paroisse, habitant sous le même toit et par conséquent ne constituant qu'une même famille, a proposé une somme de 0 fr. 50. D'après le tarif accepté par tous, il devrait donner environ 50 francs. Son offrande dérisoire a été refusée.

Le cas qui va se présenter est grave. De sa solution, dépend l'avenir matériel de la paroisse de Belmon. Si le décès survient, accorder les honneurs habituels, c'est ruiner l'organisation déjà établie, et dont je n'ai qu'à me louer. Ceux qui se sont imposés, comme disent mes paroissiens, seront naturellement portés à supprimer toute cotisation ou à la réduire notablement. Leur raisonnement est sans doute peu chrétien ; mais, sans l'apprécier, je vous l'expose dans toute sa force pour vous laisser entrevoir les conséquences probables. D'autre part, refuser la solennité ne serait-ce pas s'exposer à un enterrement civil? Ailleurs, la crainte pourrait être fondée; elle ne l'est pas à Belmon. L'esprit public blâmerait trop fortement une famille, riche comme celle dont il s'agit et même pratiquante qui, pour une dépense devant laquelle n'hésitent pas même les pauvres, refuserait l'enterrement religieux.

'D'ailleurs, comme il ressort de cet exposé, la majorité des habitants veut les sanctions dont je ne serai que l'exécuteur.

Remarquez-le, monsieur le vicaire général, je ne vous demande pas d'approuver le vœu de ma paroisse, puisque les évêques ont réservé leur décision. Je vous demande si je puis, provisoirement, au cas où vous n'y verriez pas d'inconvénient, m'en tenir aux décisions de mon assemblée paroissiale.

Veuillez agréer, monsieur le vicaire général, l'expression de mes respectueux hommages.

51. — Lettre à M. l'abbé De'mas

1er juillet 1907.

MON CHER AMI,

A la stupéfaction des fidèles de Belmon, M. Busquet est venu, dimanche dernier, assister à la messe et, je le reconnais, a donné l'exemple d'une tenue parfaite. L'office terminé, quelques-uns de ses plus dévoués partisans sont arrivés, entr'autres son maître-valet portant le cahier des délibérations municipales.

Prévenu de cet attroupement insolite et ne sachant, au juste, ce qui se préparait, je me suis rendu devant la porte de l'église. Sans questionner personne, mais voyant M. Busquet se préparer à lire à la foule un passage de son cahier officiel, j'ai soupçonné quelque manœuvre qu'il fallait déjouer à tout prix. Le plus sûr moyen me parut de lui souffler l'auditoire.

D'après l'usage, les chantres viennent au presbytère les jours de fête prendre quelques rafraîchissements. J'en ai profité pour inviter toute l'assistance, maire compris. M. Busquet n'a pas osé suivre ses électeurs sensibles à mon appel et s'est trouvé bientôt seul ou à peu près devant l'église. J'ai eu bon nez; le maire voulait lire et commenter publiquement une décision du Conseil municipal dont j'ignorais la teneur et qui devait, à son avis, en démasquant mon intransigeance et ma mauvaise foi, prouver l'intérêt qu'il porte à la religion.

Sans doute la partie n'est que remise. Mais je suis prévenu, et mes mesures seront prises. L'orientation nouvelle de M. Busquet me déconcerte. J'étais habitué à une guerre ouverte et brutale, dans laquelle j'essayais de rendre coup pour coup, au grand jour et sans me couvrir nullement. Les catholiques m'approuvaient, parce qu'ils me voyaient dans mon rôle. Désormais il va falloir changer de tactique. Je crains d'être comblé de faveurs. *Timeo Danaos et dona ferentes.*

M. de Lareinty se présente contre M. Busquet aux élections du 28 juillet. Les deux candidats ont déjà commencé leur tournée. Lequel l'emportera ? Le canton n'est pas mauvais; mais tandis que les blocards sont disciplinés, bien organisés et n'attendent pas la veille des élections pour préparer la lutte, l'opposition choisit son porte-drapeau au dernier moment et se préoccupe de la campagne électorale seulement les derniers quinze jours. M. de Lareinty est un homme excellent, d'une valeur intellectuelle vraiment supérieure, mais peu connu dans le pays. On le dit très débrouillard et très actif. Sa fortune aidant, il pourrait arriver au succès. Il va sans dire que je ne me désintéresse pas de sa candidature.

Cela m'a valu, samedi, d'être rudement houspillé chez M. le curé des Genêts. Je prétendais ne pouvoir rester indifférent à la lutte religieuse qui se déroule à Belmon, même lorsque cette lutte, et c'est le cas dans la plupart des communes, était portée sur le terrain électoral. On m'a nettement blâmé de faire de la politique et de n'obéir, en tout ce que je fais, qu'au secret désir de chasser M. Busquet de la mairie.

A Saint-Denis, ma conduite a été tout différemment appréciée : Je ne fais pas assez de politique. Le journal, les feuilles, le syndicat, tout restera infécond, parce que les électeurs, dont la conscience n'est pas assez éclairée, voteront encore pour M. Busquet, ce qu'ils ne feraient pas si, au lieu de me confiner dans la question religieuse, qu'il s'agisse soit de la première messe, soit du presbytère, soit de l'église, j'accentuais la note politique, en montrant comme nécessaire le changement de la municipalité.

Entre les deux appréciations, qui probablement ont chacune un peu de vrai, je continuerai mon chemin, fermement attaché à ma ligne de conduite.

A ne pas s'occuper de la défense religieuse, même sur le terrain électoral, puisque c'est le seul terrain qui nous permette une défense sérieuse, nous trahissons la cause dont nous sommes les soldats. Sans doute on se fait des ennemis. Mais le Christ nous a prévenus : le disciple n'est pas plus que le maître et nous serons toujours un sujet de contradiction.

A ne faire que de la politique nous compromettons notre ministère, parce que nous sortons de notre rôle. Le prêtre a une mission trop belle et trop haute pour se mettre au service d'un parti, quel qu'il soit. Ni la Royauté, ni l'Empire, ni la République ne doivent absorber ses efforts et l'accaparer.

Mais sur le terrain religieux, défendant avec l'arme de son vote personnel et de celui des fidèles le libre exercice du culte sous toutes les formes pratiques qu'il peut revêtir, et luttant contre ses adversaires parce qu'ils sont irréligieux sans mettre en cause leurs convictions politiques, le prêtre accomplit son devoir et rien que son devoir. Les catholiques doivent le trouver toujours à leur tête, dans les combats livrés pour Dieu et pour la religion. Si l'abstention des prêtres les prive de leurs chefs naturels, comme une armée sans général et sans capitaines, ils sont voués à la défaite.

Théoriquement ces idées ne se discutent guère, mais pratiquement les jugements sont modifiés sous l'influence des circonstances dans lesquelles vit le prêtre et surtout de son tempérament personnel.

Ne sortirai-je pas de mon rôle en assistant, comme j'en ai l'intention, au dépouillement du prochain scrutin ? Réfléchis et donne-moi ton opinion.

Ton tout dévoué...

52. — Lettre à M. Lartigue

7 juillet 1907.

MONSIEUR LE CURÉ,

Enfin, M. Busquet se réveille.

Il me provoque à une réunion contradictoire par le billet suivant affiché sur le portail de l'église.

D'abord je ne puis guère refuser ; ensuite il ne me déplaît pas de discuter courtoisement et loyalement avec celui dont j'ai démasqué le charlatanisme. Pour en arriver à cette résolution héroïque, notre maire doit se sentir profondément désavoué, même par les siens.

On lui a fait comprendre la nécessité de mettre un terme à mes « menées ». Trouvant la plume trop lourde et trop difficile à manier, mon adversaire a recours à la parole publique. Nous verrons ce dont il est capable.

Pourvu que certains de ses partisans, soudoyés ou simplement excités par la boisson, ne m'empêchent pas de parler! Cela lui ferait un succès facile dont les naïfs seraient dupes. Dix hommes qui crient font plus de bruit que cent qui se taisent.

Je suis quelque peu gêné par l'ignorance des intentions de M. le maire au sujet des difficultés pendantes. D'après Cantarel, M. Busquet serait disposé à tout arranger, si je me montre conciliant. Ce son de cloche m'est déjà parvenu de par ailleurs. Mais je reste sur mes gardes. Je me défie autant des paroles doucereuses que des injures. J'aurais les unes en commençant, les autres à la fin. Mais si je puis parler, je ne crains pas l'issue de la réunion, car il me sera facile de montrer de quel côté sont les torts.

Prévenez-moi, je vous prie, si vous apprenez quelque fait nouveau pouvant servir à ma défense.

Selon vos indications, j'ai convoqué quelques hommes de cœur et d'action pour constituer un comité politique. Ce sont toujours les mêmes qui se font tuer ; aussi, ne serez-vous pas étonné de trouver dans ce petit groupement ceux qui jusqu'ici se sont occupés d'élections. Lucien Barthe est cependant un nouveau venu. Je compte beaucoup sur ce jeune homme intelligent, actif et estimé. Nous exécuterons ponctuellement les ordres qui nous seront transmis du chef-lieu, afin d'assurer, autant qu'il peut dépendre de nous, le succès de la cause catholique.

Agréez, etc...

Avis aux Electeurs de Belmon

Dimanche prochain, 14 juillet, à la sortie de la messe, aura lieu une réunion publique à laquelle M. le curé voudra bien, je l'espère, assister, et là, en présence de la population, très courtoisement et très loyalement, nous discuterons la question suivante : à qui incombe la responsabilité de la suppression de la première messe.

Le maire de Saint-Clair,
J. Busquet.

53. — Lettre à M. l'abbé Delmas

15 juillet 1907.

Mon cher ami,

Je sors de la conférence contradictoire. Tout a bien marché, mieux même que je n'osais l'espérer car on s'exagère les difficultés de ces joutes. De l'aplomb, de l'à-propos, de la netteté, de la tenacité, cela suffit. C'est bien quelque chose, diras-tu, quand on n'a pas le tempérament. Je te le concède.

Mais on peut acquérir ce tempérament par l'habitude de se gouverner, c'est-à-dire de se faire des idées claires, suivant lesquelles on agit d'ordinaire.

A la messe, j'ai prévenu les fidèles de mon intention de me rendre à la réunion annoncée par voie d'affiche et, du moins en mon nom, j'ai invité les femmes aussi bien que les hommes à y assister.

Je voulais un auditoire nombreux, dans lequel les catholiques formassent la majorité.

Après l'office, je me présente devant l'église ; la foule stationne, avec un murmure confus de discussions et d'invectives ne disant rien de bon. M. Busquet a convoqué le ban et l'arrière ban de ses mameluks qui, peu disposés à écouter en silence, cherchent déjà querelle à Landou et à Lombard. Dutil se démène comme un beau diable. Caminat harangue les femmes.

Je prie la foule de quitter le perron de l'église et de prendre place sur la route pour permettre à tous de bien voir et de bien entendre.

M. Busquet et moi, nous restons seuls à la tribune.

D'un commun accord nos amis respectifs règlent le protocole du tournoi. Chacun s'expliquera sans entraves ni difficultés et parlera pendant un quart-d'heure seulement.

M. Busquet avait compté sur un dialogue plus ou moins animé. Le voilà réduit à un monologue. Pour la parole publique, ses dispositions paraissent plutôt négatives.

Dès le début de son exorde, il patauge, massa-

cre la grammaire autant que la vérité, et se répète
comme quelqu'un qui ne sait pas sa leçon. Mais il
a de l'aplomb. Parlant en plein air et ne sachant
pas ménager sa voix, il beugle sans modula-
tions ni cesse, comme un taureau qu'on étrangle.

Au bout de dix minutes, il est enroué et son éloquence tarit. C'est mon tour de parler. J'avais
eu la précaution de noter les idées principales
développées par mon contradicteur. Je sers d'abord
à mon auditoire un petit résumé de son discours, bien clair, bien ordonné, sans rien atténuer
de ses arguments. Si tu savais comme c'était amu-
sant de voir s'écarquiller tous les yeux, à mesure
que les oreilles saisissaient enfin ce qu'avait voulu
dire M. le maire, car je me payais le plaisir, à la
fin de mon esquisse, de lui demander s'il recon-
naissait, dans ces quelques traits, la fresque con-
fuse qu'il nous avait barbouillée: « C'est tout à fait
cela, M. le curé... » La pensée de mon adversaire,
condensée en propositions courtes, était facile
à réfuter. Les auditeurs m'ont écouté dans un
silence édifiant... comme à l'église, mieux que
dans certaines églises où les fidèles semblent
prendre l'habitude d'applaudir les prédicateurs
comme on applaudit les acteurs. A Belmon, sur la
route qui nous servait de salle de réunion, pas un
applaudissement, mais parfois de légers murmures
d'approbation. La conférence finie, les résolutions
proposées par le maire et le curé, enfin d'accord,
semblent satisfaire tout le monde. La note générale est pour l'apaisement et l'oubli du passé.

Voilà la physionomie d'ensemble de la réunion.

Voici quelques détails. J'ai été un peu surpris, je l'avoue, par l'impudente effronterie de mon contradicteur. Je lui savais une grande aptitude à travestir la vérité; mais tout de même pas au point de nier la délibération municipale exigeant de la part des curés la constitution des cultuelles. Confondu dans son affirmation, il n'a pas craint de rejeter toute la responsabilité sur certains conseillers municipaux absents. Il a publiquement flétri les lettres anonymes dirigées contre moi et déclaré n'avoir jamais fait aucune démarche pour obtenir mon déplacement.

Je n'ai pu m'empêcher de rectifier ce mince détail. Pour l'édification de la foule, j'ai raconté les assiduités de M. Busquet auprès de M. le chanoine X..., et ses visites à l'évêché. Leur objet n'était certainement pas de célébrer mes mérites. Je ne cachai pas, du reste, que mes supérieurs avaient fini par lui interdire leur porte.

A un certain moment de la discussion, M. le maire, parlant de ses efforts pour rétablir la messe supprimée, répétait qu'il était prêt à la payer, même de ses deniers et immédiatement.

Me retournant vers lui j'ai répondu simplement : J'accepte.

Mon homme a été complètement désarçonné.

On a souri dans l'assistance de son air ahuri. Il s'est vite ressaisi pourtant et a déclaré vouloir me poser des conditions.

Je refuse, et faisant constater que M. Busquet, pris au mot, ne tient pas sa promesse, je me retire.

Le fidèle Cantarel repêche son ami. Comme sur le marché, un tiers venant partager le différend, il propose le versement immédiat de 50 fr. et du restant de la somme au premier de l'an, au cas où la délibération municipale ne serait pas encore prise ou approuvée. L'accord se fait sur cette base et nous passons au réglement de toutes les affaires pendantes. J'obtiens satisfaction sur toute la ligne.

A tout prendre, je ne suis pas mécontent de la soirée. Les difficultés paroissiales sont résolues, sans compromission ni concession de ma part. Sans doute M. Busquet agit par intérêt politique; mais je n'ai pas le droit de repousser ses avances.

Mes fidèles auront-ils assez de perspicacité pour reconnaître les secrets motifs de sa volte-face?

Ton tout dévoué en N.-S.

54. — Informations paroissiales

21 juillet 1907.

Réunion publique. — Beaucoup de personnes n'ayant pu assister à la réunion qui s'est tenue dimanche dernier, je crois utile de publier les décisions prises concernant les affaires paroissiales :

1° *Rétablissement de la première messe.* — La commune paiera d'abord l'arriéré, ensuite votera l'allocation permise par la loi. Si la délibération municipale était annulée, M. Busquet s'engage, jusqu'au premier de l'an, pour une somme de 100 francs. Déjà 50 francs sont versés par lui.

2° *Location du presbytère.* — M. le maire a pris publiquement l'engagement de ne jamais désaffecter le presbytère. Dès que des ordres supérieurs ne lui permettront plus de me le laisser gratuitement, il signera une location qui me dispensera des réparations et dont le prix sera aussi bas que possible.

3° *Durée des engagements.* — Le bail du presbytère serait signé, suivant l'expression de M. Busquet, pour un siècle, si c'était possible. Sa durée sera donc aussi prolongée que la loi le permet.

4° *Réparations.* — Les réparations, nécessitées par le délabrement des sacristies, seront faites par la commune dans le plus bref délai.

Les habitants de Belmon se réjouiront de ces arrangements, qui mettent fin au malaise dont souffrait la paroisse, et assurent le maintien d'un curé au milieu d'eux, si chaque famille montre dans l'avenir la générosité dont elle a fait preuve dans le passé.

Au sujet d'une statue. — Certaines personnes, voulant contribuer à l'ornementation de l'église, achètent, sans consulter, ce qu'elles croient plus utile. Elles se trompent souvent ; c'est pourquoi j'ai prévenu qu'il nous manquait une statue de la Sainte Vierge et demandé de consacrer à son achat les libéralités qu'on se proposerait de faire.

Dimanche dernier, les deux candidats au Conseil général, venus pour visiter les électeurs, m'ont fait l'un après l'autre, offrir cette statue. Je n'avais aucune raison de refuser la proposition de celui qui se présenta le premier, M. de Larejnty ; je n'ai pas osé refuser celle de M. Busquet, venant en second lieu, de peur de prendre ouvertement parti entre les deux candidats. J'ai seulement déclaré qu'au lieu d'une statue, nous en achèterions deux, l'une de la Sainte Vierge, l'autre de Saint Pierre.

J'ai eu tort d'accepter, et je le dis publiquement, laissant du reste aux donateurs pleine et entière faculté de retirer leur libéralité. En pareille circons-tance je ne recevrai plus aucune offrande pour notre église et voici pourquoi : Un paroissien n'a pas à faire à l'église des libéralités facultatives, s'il n'a d'abord rempli son devoir. Qui ne prend part aux frais du culte n'est point qualifié pour faire des cadeaux à la paroisse. L'essentiel, en premier lieu ; l'accessoire ensuite.

Voilà pourquoi celui qui se désintéresse de la présence d'un curé dans sa paroisse, n'a pas à se préoccuper de l'ornementation de l'église.

C'est ce que je me suis permis d'écrire à M. Busquet, en m'excusant de revenir sur mon acceptation. Je lui propose de consacrer, à l'acquit de sa contribution paroissiale en retard depuis deux ans, la somme qu'il eût dépensée pour l'achat d'une statue : jointe aux cinquante francs déjà versés pour la première messe, cette somme atteindra à peu près le montant de la quote-part dûe par la famille de M. le maire.

Alors, mais alors seulement, je pourrai accepter ses offres.

55. — Lettre à M. l'abbé Delmas

29 juillet 1907.

MON CHER AMI,

Tu connais déjà le résultat de notre élection cantonale. M. de Lareinty est élu à une majorité de 25 voix. M. Busquet endosse une veste. L'humiliation est d'autant plus cuisante pour notre magistrat qu'avec son imperturbable aplomb, il avait partout annoncé son succès, ne craignant pas de dire que, s'il le fallait, on lui ajouterait les voix nécessaires. Il ne faut jamais vendre la peau de l'ours avant de l'avoir tué.

L'échec est de bon augure pour les élections de 1908, car j'ai tout lieu de me féliciciter du vote de Belmon.

C'était le fief de M. Busquet. Pendant de longues années, il y a obtenu la presque unanimité des suffrages. Aux dernières élections pour le conseil d'arrondissement, Belmon lui avait donné 75 voix sur 87 votants. Or, hier, il n'en a recueilli que 64.

et son concurrent 23. Onze voix gagnées par nous, c'est quelque chose, surtout quand on considère l'infériorité d'un étranger tel que M. de Lareinty en face d'un homme du pays.

L'effet moral commence à se faire sentir. On ose parler des prochaines élections municipales et des candidats à opposer à M. Busquet. Malgré ce commencement de succès, je ne puis partager l'optimisme de mes amis. Peut-être l'ébranlement de ma santé est-il la cause de mes idées noires. Je n'ai plus d'entrain, j'ai perdu l'appétit et souffre constamment de violents maux de tête. On me conseille d'aller aux eaux sinon pour me soigner, du moins pour me détendre les nerfs trop surexcités, en oubliant mes ennuis pendant quelques jours.

Joli conseil; mais comment le suivre? Je n'ai pas le sou et, si j'avais quelques économies, je les garderais pour la lutte prochaine. Il faudra de l'argent et personne ne m'en fournira... pas même les candidats.

Je parle de lutte... comme si mon maire n'était pas converti!... Je ne suis pas dupe de ses avances. Il a changé de tactique, mais pas de but. Mon cher ami, je te le dis encore une fois : tant que cet homme sera maître de Belmon, la vie chrétienne y sera compromise. Si son règne dure, elle disparaîtra.

J'avais l'intention d'aller surveiller le dépouillement du scrutin. Tes observations m'en ont détourné. C'est le droit de tout électeur, mais le prêtre doit, encore pendant quelque temps, se tenir sur la réserve. On serait étonné de le trouver dans ce milieu où les passions politiques et les rivalités personnelles sont déchaînées. Caminat, à qui j'avais fait part de mon intention, a été lui aussi de ton avis.

Grâce à une surveillance, qui ne s'est pas démentie un instant, les opérations électorales n'ont pas été fraudées.

J'attends ta visite pour te faire part d'un projet sur lequel je voudrais avoir ton opinion.

Reçois...

56. — Lettre à M. l'abbé Savignac

12 août 1907.

Mon cher ami,

Le syndicat m'a valu, dans toute la région, le qualificatif d'épicier. Quelques confrères en me l'appliquant y mettent une pointe de malice. Qu'importe, puisque mes paroissiens sont satisfaits. Je remplis mon rôle à Belmon de mon mieux ; d'autres ne le restreignent-ils pas trop chez eux ? Je me propose d'étendre encore mon action. Belmon est couvert d'arbres fruitiers, spécialement de pruniers. Malheureusement nos prunes ne trouvent pas d'acheteurs. Il y a des années où l'on viendrait volontiers dire au curé le mot prêté aux paysans normands : « V'là des prunes pour vous, môssieu le curé, notre cochon n'en veut plus ».

Si mes propriétaires pouvaient facilement faire

presser leur vendange, ils auraient un vin de qualité encore passable. S'ils ramassaient les prunes, ils pourraient faire de la bonne eau-de-vie. Granville n'est pas loin, l'écoulement serait facile et rémunérateur. Du moins mes gens n'achèteraient plus des alcools frelatés.

Conclusion : Il faut acheter un alambic et un pressoir.

Deux choses sont à trouver : un homme pour conduire les deux appareils ; de l'argent pour les acheter. L'homme, je l'ai. Lucien Barthe accepte d'être conducteur mécanicien. Il prendra comme salaire le tiers des recettes.

M. Dubreuil consent les avances nécessaires à l'achat : un millier de francs. Le capital lui sera remboursé sans intérêts par les bénéfices de chaque année. Les appareils seront laissés à la disposition du syndicat, à condition d'en appliquer les revenus à l'entretien du culte, tout en faisant aux membres de la société des prix de faveur. En cas de non-exécution de ces clauses, le pressoir et l'alambic reviendront au bailleur de fonds.

Voilà mon syndicat fortifié. Mes paysans obtiennent de précieux avantages et mon église s'assure des revenus qui ne grèveront personne. Que dis-tu de cette nouvelle sorte de prébende? On en fera un titre spécial dans la prochaine codification du droit canon : *De præbendis ex alambicis.*

Il va sans dire que les curés voisins pourront distiller au rabais ! Et les amis donc !

Reçois, etc...

57. — Lettre à **M.** l'abbé Savignac

25 août 1907.

MON CHER AMI.

L'enterrement civil n'a pas eu lieu.

Les bruits, dont tu as eu des échos, étaient du chantage pour me faire capituler. Toute la journée d'hier des messagers sont venus de la part de la famille Sadoulas, afin d'arranger l'affaire. Comme toujours, lorsqu'il s'agit de me créer quelque embarras, Cantarel marchait.

« Je vous assure, me disait-il, qu'on fera un enterrement civil, si vous n'accordez pas l'enterrement religieux. Sadoulas est bien décidé. »

« Mais, mon ami, je ne refuse pas l'enterrement religieux. Tout au contraire, je veux le faire gratuitement, quoique Sadoulas soit plus riche que vous et moi. Je lui refuse seulement la solennité, dont il se moque tout le premier. Il ne peut donc se plaindre. »

« Quelle peine vous causerez à cette famille ! insistait mon chantre. Vous gagneriez à lui faire plaisir, car on vous demanderait de célébrer pas mal de services. »

« Je n'ai pas à savoir si je gagne ou si je perds, puisque je n'en fais pas une question d'argent. Mais puis-je aller contre la volonté de toute la paroisse? contre la vôtre en particulier, car comme les autres, vous avez voulu des sanctions? Mettez-vous à ma place, et dites-moi ce que vous feriez. »

A chaque mandataire, c'était la même réponse.

Pendant ces négociations, la famille Sadoulas avait fait appeler M. Busquet. Qu'espérait-on de lui? Qu'il me contraignît à faire ce que je ne voulais pas? C'était mal me connaître. Qu'il fît lui-même un enterrement religieux, comme jadis : tu te rappelles l'article de la *Croix?* On ne l'y reprendra plus.

M. le maire dans la circonstance s'est montré avisé. Reconnaissant son impuissance à régler la difficulté, il a dit à la famille : « Vous n'avez qu'à choisir : ou faire un enterrement civil, ou faire ce que voudra le curé. »

Et l'on a fait ce que voulait le curé. Sadoulas lui-même est venu me trouver. « C'est par là qu'il fallait commencer, lui ai-je dit. Tout serait déjà réglé, sans que le public fut renseigné. Votre situation est bien nette. Vous voulez éviter l'affront d'un enterrement gratuit. Puisque vous vous êtes mis hors du droit commun de notre paroisse, en refusant votre cotisation, rentrez dans l'ordre en remplissant votre devoir. Je vous demande simplement d'agir comme tout le monde. Si vous payez un peu plus, avouez-le, vous êtes plus riche. Somme toute, la cotisation vous est moins lourde à porter qu'à vos bordiers, par exemple, qui donnent presque de leur nécessaire, tandis que vous donnez seulement de votre superflu. »

Ainsi fut fait et l'enterrement eut lieu avec le cérémonial ordinaire.

Sadoulas m'en veut peut-être au fond du cœur, des quelques pièces blanches arrachées à son avarice, mais il a le bon esprit de ne pas se plaindre. Il en parle peu, et lorsque l'affaire vient dans la conversation, il reconnaît mon désir de conciliation.

L'opinion publique est pleinement satisfaite. Chacun se voit traité suivant ses mérites, comme le réclame l'instinct populaire de la justice, et l'on se réjouit de la leçon donnée aux mauvais riches de la paroisse. Dutil a lancé une note peu chrétienne dont je l'ai blâmé : « S'il en arrivait autant à M. Busquet ! »

Les 100 francs du riche Sadoulas, versés pour sa cotisation de 1906 et 1907, dégrèveront toutes les familles. Celui qui payait 5 fr., par exemple, versera l'année prochaine seulement 3 fr. Aussi personne ne plaint notre homme.

Latour, qui a une fille en âge de se marier, m'a déjà fait passer la somme de 4 fr. pour participer au culte ! La crainte a-t-elle été le commencement de la sagesse ? En tout cas le nombre des réfractaires se réduit à deux.

Mes syndiqués n'ont pu réussir à s'entendre pour l'achat du charbon nécessaire au dépiquage. Un marchand avait proposé une réduction de 0 fr. 15 par quintal, pourvu qu'on lui assurât la vente d'un wagon. Les propriétaires de Belmon sont assez nombreux pour demander cette quantité, mais le semeur de désordre est intervenu. M. Busquet, si l'entente se fut établie, serait resté seul, aurait payé plus cher, dépiqué après tous les syndiqués et enfin se serait vu contraint d'accepter la machine de l'un de ses ennemis politiques. Il n'a pas voulu en passer par là.

Qu'a-t-il fait ? Il a été trouver les bordiers de M. de Lucey, assistés par le bureau de bienfaisance, et leur a fait de belles promesses à la condition qu'ils refusent de s'associer à l'achat du charbon : le tour a été joué. La faiblesse de M. de Lucey, la vénalité de ses bordiers et la rouerie de M. Busquet ont tout fait échouer. Résultat : le charbon sera payé plus cher, la qualité inférieure, et le dépiquage retardé au gré du mécanicien.

Le syndicat est une œuvre d'une incontestable puissance, mais sa direction offre pas mal de difficultés. A vouloir briser l'opposition, je compromettais tout ; cette malheureuse question de charbon avait amené des divisions assez prononcées pour me faire craindre des défections.

L'année prochaine, l'entente sera peut-être plus facile.

N'entreprends aucune œuvre, si tu ne veux pas avoir des déboires. C'est peut-être pour cette raison que certains vivent dans le farniente. Ne fais pas d'application.

Ton tout dévoué en Notre-Seigneur.

CHAPITRE VI

La Défaite

58. — Article de « La Croix »
Lettre publique à M. Busquet

15 août 1907.

Monsieur le Maire,

Le 20 juillet, quelques jours avant les élections
du Conseil général, le garde-champêtre m'a remis,
en même temps que la carte d'électeur, un mandat de dégrèvement pour m'indemniser de la
récolte perdue par suite de la sécheresse de l'année
dernière.

Dimanche 11 août, je me suis rendu à la mairie
de Saint-Clair pour payer mes impôts. M. le per-
cepteur, à qui je présentais le mandat, l'a déclaré
faux. Ses registres portent un dégrèvement de
5 francs au lieu de 25 comme l'indique le billet
officiel signé de vous et portant le sceau de la mairie. Cela fait une différence !

Une malhonnêteté a été commise, monsieur le maire. Cela fait d'autant moins de doute que plusieurs honorables propriétaires de Belmon se trouvent dans mon cas.

Je ne sais qui accuser. Mais je dois porter mes soupçons sur les distributeurs des secours accordés par le gouvernement. Ces agents, quels qu'ils soient, sont couverts par votre autorité, puisque c'est en votre nom qu'ils ont opéré. Vous seriez donc responsable de cette indignité, si vous ne parveniez à trouver le coupable.

Je garde le mandat comme pièce à conviction, afin de le montrer à qui voudrait le voir.

Recevez, monsieur le maire, mes salutations respectueuses.

LOMBARD.

59. — Lettre au frère Clément

10 novembre 1907.

MON CHER CLÉMENT,

Votre rentrée est plus belle que celle de l'année dernière. Notre-Seigneur est donc fidèle à ceux qui ont confiance en Lui et les parents chrétiens ne se laissent gagner ni par les promesses ni par les menaces. Je me réjouis avec vous du succès de votre école.

Pour moi, je jouis d'une apparente tranquillité,

qui m'étonne et me préoccupe. J'en profite pour travailler.. Je ne suis pas encore arrivé au but désiré. Mes gens ne sont pas mûrs pour une action religieuse sérieuse et je dois servir leurs intérêts temporels pour gagner, avec leur cœur, le droit d'éclairer leur conscience.

Merci de m'avoir fait passer le livre de M. Durand sur les *Caisses rurales*. Peut-être m'aurez-vous mis sur la voie d'une œuvre à créer ! Les habitants de Belmon, qu'ils soient propriétaires ou bordiers, manquent presque tous d'avances. Je le constate par les achats du syndicat. Ce n'est pas tant la routine qui arrête les progrès de l'élevage ou de la culture, c'est le manque d'argent.

Beaucoup de nos paysans répugnent à l'emprunt; comment les blâmer ? Aussi se passent-ils d'une machine agricole, d'une paire de bœufs, d'un troupeau d'oies, qui pourtant rapporteraient un beau bénéfice. D'autres se laissent tenter. M. Busquet connaît la gêne des familles et... l'exploite. Il achète à certains le bétail qui leur manque. Au moment de la vente et sans s'occuper des frais d'entretien ou des pertes subies, il prélève d'abord son capital et ensuite la moitié du gain. Cela lui rapporte un intérêt de 15 et 20 pour cent. Et les exploités lui sont reconnaissants ! Vous voyez qu'une Caisse rurale répondrait à un réel besoin.

Mais comment la créer ? Je n'en connais guère le fonctionnement; mes paysans en ignorent même le nom et les plus intrépides hésiteront devant les responsabilités à encourir, car enfin les biens des membres sont grevés d'une véritable hypothèque.

M. Durand signale pourtant la création des Caisses rurales en des pays tout aussi arriérés que Belmon, et par conséquent, me semble-t-il, cette œuvre pourrait réussir chez moi. Je viens d'écrire au Père Destende, pour lui demander de faire, sur ce sujet, une conférence aux membres de mon syndicat. Sa compétence et son titre en imposeront peut-être à mes paroissiens.

Cette année enfin, j'ai pu grouper une demi-douzaine d'enfants pour la première communion. Oh ! ils ne me rappellent que de bien loin nos petits marmots si éveillés de Granville.

C'est la première génération qui n'a pas été élevée chez les frères ou chez les sœurs, ou du moins dans des écoles que la concurrence des frères et des sœurs maintenait à un honorable niveau, au point de vue de l'éducation comme de l'instruction. Aussi la différence est-elle notable entre ces enfants et leurs grands frères ou leurs grandes sœurs.

Ma jeunesse aime passionnément la lecture, mais dans cinq ou six ans je ne pourrai plus le dire, car mes petits premiers communiants savent à peine lire ! Notre magister de Saint-Clair vole au patron Etat un traitement trois fois plus gros que le vôtre, puisqu'il s'occupe de tout excepté de sa classe, qu'il confie à des moniteurs. La politique, le café et la bicyclette lui prennent tout son temps. Entre amis, il professe l'athéisme et se déclare disciple d'Hervé ; toutefois dans ses fonctions il observe une irréprochable neutralité. Il semble ne voir dans sa position que le traitement lui permettant de vivre rentier et n'avoir aucun souci non seulement de l'instruction — en six ans il a hissé jusqu'au certificat le fils de l'adjoint — mais même de l'éducation la plus élémentaire: tous ces marmots entrent et sortent de classe sans « un bonsoir, monsieur ! » Ah ! cher ami, si l'on nous inflige le monopole, nous verrons dans nos campagnes d'étranges monstres d'ignorance, comme au temps de la Révolution.

En face de cette situation, les parents gémissent, mais ne font rien et d'ailleurs ne peuvent rien faire. Quand ils viennent m'apporter leurs doléances, je ne leur ménage pas les reproches : il ne fallait pas laisser M. Busquet chasser les frères et les sœurs ; qu'avez-vous gagné à cette mesure ? Un accroissement de dépenses, entraînant. un abaissement de l'instruction et de l'éducation. Voilà le bilan de la laïcisation.

Ce qui m'a surpris, c'est de constater dans cette race, pourtant bien douée, un étrange affaiblissement des facultés intellectuelles. Après des efforts obstinés, j'ai dû renoncer à faire apprendre la lettre du catéchisme. Mes petits ont pourtant bien bonne volonté et les parents me secondent, mais ils ont trop de peine à lire pour comprendre et retenir le mot à mot. Faudra-t-il se mettre au système chinois ou arabe. Je l'ai vu du reste en usage dans les églises paroissiales de Rome, quand j'ai fait mon trop bref pèlerinage avec l'A. C. J. F. Je vais leur seriner une à une les réponses du catéchisme et les leur faire hurler à l'unisson.

J'ai bien peur de ne pouvoir donner à ces enfants

que des habitudes religieuses et pas de conviction !

Inutile d'espérer les garder après la première communion pour compléter leur formation ; inutile surtout de penser à un patronage ou à un cercle : c'est à peine si, à Saint-Clair, on a pu constituer un groupe réunissant les fils des commerçants du bourg. Jeunes gens et jeunes filles de Belmon vont se placer, jusqu'à l'âge de s'établir.

Les petits bordiers ou les tout petits propriétaires ne veulent pas se priver des quelques sous que peut rapporter leur unique enfant... Les riches occupent bien quelques bergers, mais ils prennent surtout des pupilles de l'Assistance publique, ne coûtant rien, rapportant quelque chose et ne présentant pas l'inconvénient des vrais fils de famille qui prendraient un lambeau de l'héritage et imposeraient le morcellement de la propriété.

On n'a pas pour l'instruction et l'éducation de ces étrangers, le souci qu'on aurait pour l'enfant de la maison. Aussi presque tous les jeunes gens et bon nombre de jeunes filles échappent-ils à mon action. . . . .

60. — Lettre à M. le vicaire général

15 décembre 1907.

Monsieur le vicaire général,

Je vous soumets la lettre de M. Busquet, me proposant la gratuité du culte.

Vous connaissez l'organisation de la quête dans ma paroisse et pouvez juger si l'acceptation de la proposition de M. le maire n'aurait pas de trop graves inconvénients. Il est à craindre que la gratuité, établissant un régime qui exclue toute sanction, n'aboutisse à la suppression des cotisations. En outre la durée des engagements n'est pas spécifiée. La municipalité peut chaque année s'abstenir de voter l'allocation promise.

Je sais du reste pertinemment qu'on veut prendre cette somme sur les fonds du bureau de bienfaisance et je ne suis pas rassuré sur la légalité de cette opération.

Si, malgré mon avis personnel, vous jugez la proposition acceptable, je me conformerai docilement à vos ordres.

Veuillez agréer...

61. — Lettre à M. Busquet

17 décembre 1907.

Monsieur le Maire,

L'offre du Conseil municipal est trop favorable aux intérêts de mes paroissiens pour ne pas être acceptée avec reconnaissance. Le service gratuit commencera quand vous le voudrez. Les restrictions suivantes, imposées par Monseigneur, sont trop justes pour soulever des difficultés.

Les suicidés et les divorcés n'auront pas droit à la gratuité du culte ; ils se sont placés dans des conditions telles qu'ils perdent leur droit au culte lui-même.

Ceux qui refusent la cotisation nécessitée par la loi de Séparation seront privés de la solennité qui accompagne les diverses cérémonies religieuses habituellement demandées par les familles. Ces réfractaires ont tacitement renoncé à des honneurs qu'ils apprécient peu, puisqu'ils ne veulent rien faire pour les mériter. D'ailleurs la justice me fait un devoir de ne pas traiter de la même manière ceux qui participent et ceux qui ne participent pas aux charges cultuelles. Mais à tous, quoique dans des conditions différentes, votre initiative assurera la gratuité du culte.

Veuillez agréer, etc.

62. — Informations paroissiales

3 janvier 1908.

Culte gratuit. — M. le maire m'a fait l'offre d'une allocation annuelle destinée à vous assurer la gratuité du service religieux Mais il a rendu sa proposition inacceptable, en exigeant, pour ceux qui ne participent pas au Denier du culte, les honneurs accordés aux autres.

Cette condition n'est pas juste. Les deux ou trois familles réfractaires contribueraient aux charges du culte seulement par leur insignifiante participation à l'allocation communale. Les autres paieraient deux fois, d'abord par les impôts, ensuite par la cotisation volontaire.

Cette condition serait désastreuse pour la paroisse. D'abord je ne puis me prêter à une mesure atteignant les meilleurs catholiques ; ensuite je dois craindre de compromettre le Denier qui est l'œuvre principale. Si les mêmes honneurs étaient assurés aux paroissiens, comme M. Busquet par exemple, ne payant ni chaises ni cotisation, chacun serait naturellement porté à l'imiter et à ne rien donner.

Monseigneur l'évêque, consulté sur cette affaire, a répondu en rejetant la proposition comme illégale et sans garantie de durée.

Si M. le maire veut réellement établir la gratuité du culte, qu'il fasse voter un crédit suffisant pour dispenser les fidèles non seulement des redevances payées à l'occasion de certaines cérémonies, mais encore de la cotisation annuelle. En outre qu'il trouve un moyen légal d'engager la commune pour une durée de 10 ans.

Alors son projet deviendra juste et acceptable.

Presbytère. — En vertu de la loi, les presbytères doivent être loués. Préoccupé de la situation précaire dans laquelle je me trouve, Monseigneur l'Evêque m'a demandé deux fois de lui donner les raisons pour lesquelles le bail n'était pas encore signé. J'ai écrit à M. le maire afin de le prévenir que l'ajournement serait considéré comme un refus de location, et lui laisser toute la responsabilité des conséquences qui pourraient en résulter pour Belmon. Il prouvera ses bonnes intentions en consentant immédiatement le contrat promis publiquement.

Réunion. — Après la conférence donnée à l'église, une réunion s'est tenue au presbytère pour les membres du syndicat. M. l'abbé Destendes a parlé en termes si clairs et si persuasifs que tous se sont retirés convaincus de l'utilité des Caisses rurales.

Cette œuvre a pour objet de fournir aux propriétaires sérieux et honnêtes les avances d'argent qui leur sont nécessaires. Les membres du bureau du syndicat et de la fabrique sont invités à se réunir, dimanche prochain au presbytère, afin d'étudier la formation d'une Caisse rurale.

Syndicat. — Pour assurer le bon fonctionnement du syndicat, les membres du bureau ont pris les résolutions suivantes :

a) Seront seuls comptés comme membres ceux qui auront acquitté leur cotisation le premier janvier 1908.

b) Il est interdit de faire passer des marchandises aux familles ne faisant pas partie du syndicat.

c) Il est permis de prendre des marchandises pour les familles étrangères à la paroisse, lorsqu'un syndiqué se porte garant du paiement de leur commande et paie leur cotisation.

63. — Lettre à M. l'abbé Savignac

20 janvier 1908.

Mon cher ami,

La première campagne du pressoir et de l'alambic est définitivement close. Aussi je peux dès maintenant te renseigner sur les résultats pour 1907. Le pressoir a rapporté 140 francs et l'alambic 470 francs, soit en tout 610 francs. Lucien Barthe prend le tiers, 200 francs environ. Il nous reste donc 400 francs. Encore deux années comme celle-ci et, le capital de M. Dubreuil se trouvant remboursé, l'entretien du culte sera mieux assuré. Avec les membres du bureau, dont l'imagination travaille, nous avons parlé de nos espérances. Mes gens veulent accorder une plus forte réduction aux syndiqués usant des appareils et employer le reliquat au paiement des chaises. Mais n'imitons pas Perrette.

On est fier à Belmon du curé, du syndicat et le reste. On prend notre association au sérieux et l'on se fait inscrire. Nous comptons 35 adhérents. Je suis devenu pour tous un personnage aussi important que M. Busquet car, sous des prétextes divers, j'entretiens des relations étroites avec la plupart des familles. Je ne suis plus le redoutable inconnu qu'on appelle au chevet des mourants et qu'on ne voit jamais en dehors de son église. C'est très joli... mais je n'ai pas pour cela un homme de plus aux offices. Le blé est long à venir; je sème; d'autres récolteront.

D'autres ?... je suis un ingrat. N'ai-je pas tiré moi-même une grande force de la sympathie marquée dont les syndiqués m'ont entouré durant mes démêlés avec M. Busquet ? Si mon adversaire ne m'a pas brisé, comme mes prédécesseurs, je le dois à l'appui moral de la population. Bien des choses interdites à d'autres curés me sont permises. Ainsi, grâce aux bavardages de mon ancienne servante, chacun sait que le comité qui a fait les élections dernières à Belmon contre M. Busquet, se réunissait chez moi et nul ne me blâme. « Le curé se défend, dit-on, si on ne lui fait pas de misères, il restera tranquille. »

Ce comité n'est pas dissous. Tous les jeudis soirs, mes hommes de confiance viennent causer politique dans mon salon. Actuellement nous revisons ensemble les listes électorales, travail long, fastidieux, pénible même. Ce n'est pas une petite affaire que de contrôler les titres des étrangers inscrits ! Dutil va dans les mairies voisines constater les inscriptions multiples.

En faisant ce travail, je prétends ne pas sortir de mon rôle de citoyen et de curé. Je suis intéressé comme un autre, sinon davantage, à la loyale et juste confection des listes électorales. D'autre part, cette œuvre de moralité publique ne compromet pas mon ministère, car nous demandons seulement la radiation des étrangers. Même les partisans les plus déclarés de M. Busquet ne peuvent se plaindre, car ils laisseraient trop entendre que, pour obtenir la majorité, ils doivent recourir à des moyens illégitimes.

Du reste personne ne se fait illusion ; entre M. Busquet et moi, il n'y a rien qui ressemble soit à une querelle personnelle, soit à une querelle politique. Cela fait ma force. A mon avis, si le clergé parvenait à se mettre sur le terrain exclusivement religieux et à dissiper tous les soupçons d'arrière-pensées politiques, son action serait irrésistible...

M. le maire a une mauvaise presse. L'affaire concernant la distribution de la sécheresse prend des proportions d'autant plus grandes que les victimes se révèlent toujours plus nombreuses. Les journaux régionaux demandent avec insistance une enquête pour découvrir le coupable et M. de Lareinty annonce son intention d'interpeller le préfet à la prochaine réunion du Conseil général.

Notre tyranneau, M. Busquet, d'après les explications fournies aux uns et aux autres, ne serait pour rien dans cette étrange distribution, et le directeur des contributions aurait tout fait sans le consulter.

Cela ne prend pas, même auprès des plus naïfs. On accuse M. le maire d'avoir voulu faire de la réclame électorale en grossissant le chiffre des dégrèvements et, ce qui est plus grave mais nullement prouvé, de ne pas s'être oublié dans cette distribution de mandats.

L'émotion, causée par ce petit Panama communal, est encore augmentée par l'échec de la proposition de M. Busquet, au sujet du culte gratuit.

Tu connais les raisons du refus. Je n'ai pas manqué de les porter à la connaissance de mes paroissiens, afin de prévenir toute interprétation fâcheuse et même de faire tourner cette manœuvre au détriment de celui qui voulait l'exploiter dans un but politique. La population semble accuser M. le maire de trop penser à lui quand il réclame pour les réfractaires les honneurs religieux accordés aux autres, et de rejeter mes restrictions uniquement parce qu'il ne bénéficierait pas de la gratuité.

La presse est utile à quelque chose, puisque par la *Croix* et par mes *Informations* les louches agissements de mon adversaire sont dévoilés et livrés à l'indignation publique. Ne t'étonne pas si je m'en sers.

Crois toujours à ma bonne amitié...

64. — Lettre à M. l'abbé Delmas

24 février 1908.

MON CHER AMI,

Mon projet de caisse rurale est ajourné, hélas !
enterré. Une dizaine d'hommes intelligents étaient
parvenus à comprendre le fonctionnement de cette
œuvre et avaient accepté la responsabilité illimitée,
condition essentielle des emprunts. C'est l'argent
qui manque ; nous ne trouvons pas à emprunter.
Il faudrait 500 fr. pour débuter. Aucun des sociétaires n'étant en mesure de faire ce prêt, Caminat,
au nom de tous, a sollicité M. de Lucey. La réponse a été si évasive qu'elle équivaut à un refus.
M. de Lareinty serait plus généreux et sûrement
comprendrait notre œuvre ; mais une sollicita-
tion, venant quelques mois seulement après son
élection, serait indiscrète.

Cependant nous travaillons pour lui indirecte-
ment. On ne peut arriver aujourd'hui à jouer
un rôle politique, qu'à la condition de jouer d'abord
un rôle social. Tu connais le joli mot appliqué aux
classes qui devraient être dirigeantes : « Vous ré-
clamez un droit d'aînesse; exercez d'abord un
devoir d'aînesse ! » La popularité, la vraie, faite
de respect et de reconnaissance, va seulement à
ceux qui se dévouent pour le bien public. Par surprise ou par suite d'une circonstance exception-

nellement favorable, on peut gagner momentanément les faveurs du corps électoral. Celui-là seul
peut espérer les conserver, qui apporte aux populations dévouement inlassable et assistance désintéressée.

Ce que je dis ne s'adresse nullement à M. de
Lareinty, dont l'esprit est largement ouvert à toutes les idées neuves et justes.

... Je reprends mon épitre interrompue par une
visite. Laissons la caisse rurale et parlons des listes électorales. Tu vas apprécier le sans-gêne de
M. Busquet. Le 4 février, conformément à la loi,
Dutil demande quelques radiations et quelques
inscriptions. Récépissé lui est donné des pièces
déposées.

Le lendemain 5 février, les délais légaux étant
expirés, mon envoyé se présente à la mairie et
constate des modifications dans le tableau de
rectification. Il en fait l'observation, disant qu'il
aurait présenté des observations en conséquence.
On lui répond qu'il avait mal lu et que le tableau
n'a pas été changé.

Ce n'est pas tout. Dans la matinée du 5, et par
conséquent en violation flagrante de la loi, M. Busquet fait demander par son père l'inscription de
dix électeurs habitant les diverses communes voisines.

Léopold Dutil a rencontré dans toutes les mairies, même aux Genêts, une mauvaise volonté non
dissimulée. On refusait de lui communiquer les
listes électorales. Lorsque, la loi en main, il insistait, on lui permettait de les consulter et s'il ré-

clamait le certificat d'inscription, on le lui refusait catégoriquement. Je sais bien qu'un moyen lui restait : trouver un autre électeur qui constatât avec lui l'inscription, dresser lui-même le certificat et faire légaliser les signatures. Tu l'as secondé de ton mieux et je t'en remercie ; mais dans les autres communes, le curé consulté n'a pu indiquer un homme de confiance pour accompagner notre envoyé. Le maire des Genêts, un conservateur cependant, l'a fait mettre à la porte de la mairie. Il m'a refusé à moi-même le certificat d'inscription d'un jeune homme résidant, l'année dernière, à Belmon-et, cette année, inscrit dans les deux communes. Or cet électeur, qui votait mal à Belmon, est maintenant placé chez un blocard militant ; il n'y avait donc pas à craindre de se faire un ennemi.

Des potentats comme M. Busquet finiraient par me rendre révolutionnaire. De tels républicains feraient naître la haine de la République. Ils veulent nous imposer le respect de la loi même injuste, et violent les lois même les plus justes ; ils proclament la souveraineté du peuple et pratiquent le régime du bon plaisir ! Leur pouvoir n'est ni légal ni légitime ! Ce serait à devenir anarchiste !...

Je m'arrête pour ne pas t'écrire des horreurs... Un curé anarchiste, c'est trop fort ! A ma prochaine visite tu feras bien de fouiller les poches de ma douillette. Si j'avais caché une bombe !

Ton anarchiste tout dévoué.

65. — Article de « La Croix »

25 mars 1908.

Pour rester maire. — M. Busquet a peur. Il se rend compte de la réprobation soulevée par son administration, en particulier par la suppression de la première messe et par l'inique distribution des secours aux victimes de la sécheresse. On ne veut plus d'un maire qui abuse de ses pouvoirs pour se livrer aux plus mesquines tracasseries.

Aussi, M. Busquet va-t-il chercher hors de la commune des électeurs complaisants, tandis qu'il efface des listes ceux que des liens sérieux et légaux rattachent à Saint-Clair ou à Belmon. Retarder le jugement des appels devant le juge de paix pour mettre la Cour de Cassation dans l'impossibilité de réparer les injustices, faire juger sans prévenir les intéressés, sont tout autant de flagrantes violations de la loi commises par le sire de Belmon de connivence avec le justicier de Clermon. Citons des faits : M. Castex, propriétaire, habitant la commune depuis deux ans et présentant ses pièces en règle, se voit refuser l'inscription. M. Rafy, au contraire, né à Granville, où il habite et vote, est inscrit d'office par M. Busquet et accepté par le juge de paix ; motif : il possède un mobilier en dépôt chez son frère résidant à Belmon.

M. Bessières qui a quitté notre commune depuis

trois mois, est rayé. M. Larroque, né à Saint-Urcisse, actuellement instituteur aux Genêts, se voit inscrit. Ici la raison est folichonne : M. Larroque est neveu de M. le maire !

Nous pourrions continuer. A quoi bon ? Le tyranneau de Belmon est loin d'être rassuré sur le résultat des élections.

Il a peur, car il ne peut même plus trouver, parmi les habitants de sa section, des hommes consentant à figurer sur sa liste et doit encore faire appel aux étrangers. Les blocards, dont on parle comme candidats, ont quitté la commune ou viennent de s'y installer.

Les trois conseillers municipaux, élus avec M. Busquet aux dernières élections, blâmant son attitude sectaire et son administration partiale, se séparent de lui. Déjà, ils ne vont plus aux réunions de son comité et déclarent qu'ils refusent toute candidature.

M. Busquet a peur ; il cherche des électeurs ; il cherche des candidats. Il en trouvera... hors de chez nous. Il le faut... ce n'est pas notre intérêt... mais c'est le sien.

La population de Belmon ne gardera pas un magistrat municipal qui fait seulement les affaires d'une coterie. Elle compte assez d'hommes honnêtes, intelligents et dévoués pour ne pas vouloir être gouvernée par des étrangers.

66. — Lettre à M. Busquet.

29 mars 1908.

MONSIEUR LE MAIRE,

Une fois de plus, Monseigneur me demande des renseignements, au sujet de la location du presbytère.

L'ajournement du bail, en contradiction avec la loi aussi bien qu'avec la conduite de tous les maires de la région, serait considéré comme un refus de louer.

Monseigneur est décidé à prendre sans retard les mesures énergiques commandées par l'intérêt de la paroisse. Vous seriez le premier à les regretter ; cependant vous les auriez rendues nécessaires, en ne tenant pas compte d'un avis donné dans le seul but d'éviter aux paroissiens et à vous-même des ennuis faciles à prévenir.

La paroissse de Belmon est assez peu considérable et assez voisine de Saint-Clair pour être désignée comme devant disparaître, le jour où chacun ne fera pas son possible en faveur du culte catholique.

Pour donner satisfaction aux intérêts religieux de vos administrés, vous hâterez, je l'espère, la signature du bail solennellement promis devant la population de Belmon.

Veuillez agréer, etc.

67. — Article de « la Croix »

3 avril 1908.

Faux mandats

Comme le disait M. Lombard, une malhonnêteté a été commise à son préjudice dans la distribution des secours aux victimes de la sécheresse. De nombreux propriétaires sont venus se plaindre à nous d'avoir reçu, eux aussi, un faux mandat.

Quel est le coupable ? M. Busquet ne veut pas le trouver, et par conséquent le couvre de sa responsabilité.

Bien plus, il se refuse à faire connaître la somme allouée par l'Etat à la commune de Saint-Clair et surtout la part qui lui en est revenue.

Son mutisme autorise toutes les suppositions.

S'il n'avait un grand intérêt à ne pas connaître le coupable et à cacher les tripotages, — pour ne pas employer d'expression plus sévère, — commis dans la distribution des secours de l'Etat, M. Busquet s'expliquerait publiquement afin de montrer la bonne foi de son administration.

Les électeurs de Saint-Clair apprécieront cette attitude.

68. — Informations paroissiales

8 avril 1908.

Lettre de M. le vicaire général. — Je me permets d'attirer l'attention des fidèles de Belmon, sur la lettre que m'écrit M. le vicaire général, au nom de Monseigneur l'Evêque. Chacun la méditera et, consultant sa conscience, se demandera quel est son devoir.

« Monsieur le curé,

» Déjà par deux fois, Monseigneur l'Evêque vous a mis en demeure de régler, sans retard par un bail régulier et d'une durée convenable, la question du presbytère de Belmon. Vous avez répondu deux fois que votre municipalité, alléguant d'inadmissibles prétextes, ne voulait rien changer à l'incertitude de votre situation présente.

» Cette façon d'agir est absolument contraire à la loi, qui invite toutes les municipalités à délibérer sur l'emploi des presbytères qu'elles possèdent et leur défend d'en concéder la jouissance gratuite.

» D'ailleurs, loin d'être pour vous une faveur, la prétendue gratuité qu'on vous accorde, constitue, au contraire, un immense désavantage, puisque votre demeure peut à tout moment vous être enlevée par la seule volonté, soit de la municipalité, soit de l'administration préfectorale. Vous n'êtes jamais certain de ne pas vous en voir expulsé en quelques heures et au besoin par la force. Le jour où l'on vous consentirait un bail régulier, vous pourriez être, comme l'ont été tant de vos confrères, obligé de payer quand même votre jouissance prétendue gratuite.

» Si l'on allègue qu'on préfère remettre à plus tard la solution de cette question, sous prétexte de laisser toute sa liberté à l'administration future, faites remarquer que ce prétexte est inadmissible. Tous les jours, les municipalités existantes consentent des baux pour une durée bien supérieure à celle de leur mandat ; ces baux sont très légaux, et, au sujet des presbytères en particulier, la préfecture en a, depuis une année, approuvé plus de cent, signés pour neuf ans, entre MM. les curés et les municipalités qui seront remplacées au mois de mai prochain.

» En réalité, on semble vouloir attendre le jour où l'on n'aurait plus rien à craindre du verdict souverain du peuple. Alors on s'emparera sans doute de votre presbytère et l'on vous en chassera impunément. Ce jour-là, monsieur le curé, plutôt que de vous laisser sans abri convenable dans votre paroisse, Monseigneur l'Evêque serait bien obligé de vous retirer de Belmon. Alors votre église resterait sans messe une partie de la semaine, la visite de vos malades, l'instruction chrétienne et la première communion de vos enfants, la célébration des dimanches et des fêtes, toutes les œuvres existantes, la vie entière de la paroisse en souffrirait plus que je ne saurais le dire. Que vos catholiques réfléchissent et se demandent s'ils n'ont pas à prévenir une si fâcheuse éventualité.

» Faites remarquer encore à vos fidèles que Belmon pourrait être rattaché à une paroisse voisine.

» Cette mesure sera prise tout d'abord à l'égard des paroisses qui n'auront pas su ou voulu conserver à leur curé la jouissance tranquille et assurée du presbytère.

» Dimanche prochain, vous lirez cette lettre à vos ouailles. Monseigneur l'Evêque les bénit paternellement et les supplie avec tout son cœur de pontife, de réfléchir et d'agir : leur religion doit être respectée, le ministère de leur prêtre garanti et la liberté de conscience assurée.

» Agréez, monsieur le curé, l'hommage de mon sincère dévouement.

» *Pour Mgr l'Evêque et par son ordre.*

69. — Lettre à M. l'abbé Delmas

15 Avril 1908.

MON CHER AMI,

Enfin je suis chez moi ; j'ai loué mon presbytère. M. Busquet, qui ne me refuse rien pourvu que j'insiste, a consenti à signer un bail de trois ans et de 50 francs. Le contrat est en bonne et due forme ;

la préfecture l'a approuvé et personne n'a le droit de me contester la jouissance de mon chez moi.

Dimanche, après les vêpres, M. le maire en personne est venu frapper à ma porte. Je m'empresse auprès de mon illustre visiteur et nous passons au salon.

— « Monsieur le curé, dit M. Busquet allant droit au but, je viens pour cette affaire du presbytère.

— « Monsieur le maire, répondis-je, l'affaire sera rapidement réglée. Il vous suffit de tenir vos promesses. Devant la population vous avez pris l'engagement de louer aux meilleures conditions possibles, c'est-à-dire pour 18 ans et une quinzaine de francs.

— « C'est vrai, reprend M. Busquet, mais ces conditions, que je serais tout heureux de vous accorder, ne seront pas acceptées par la préfecture.

— « Oh ! cependant, si vous le voulez bien !... M. le préfet n'a rien à vous refuser. Il ne voudrait pas vous obliger à vous donner un si formel démenti !

— « Non, M. le curé, je ne puis obtenir de pareilles conditions. M. le préfet me témoigne beaucoup de condescendance, mais il a reçu des ordres. Du reste, je ne comprends guère pourquoi vous tenez tant à louer ? Aussi longtemps que la location n'est point signée, vous ne payez rien.

— « Je préfère payer, monsieur le maire, et me sentir chez moi, assuré du lendemain.

— « Croyez-vous, répartit M. Busquet en me coupant la parole, croyez-vous que j'ai l'intention de vous expulser ? Si je reste maire, le presbytère ne sera pas désaffecté. J'en donne ma parole d'honneur. »

Une promesse de plus, qui vaut ce que valent les promeses faites en période électorale ! J'avais bien envie de lui rappeler l'ordre de départ signifié l'année dernière en son nom par le garde-champêtre aux deux curés de sa commune. Je me suis admiré d'avoir su garder ma langue.

— « Vos intentions, lui répliquai-je, ne sauraient être meilleures et je ne doute pas de votre sincérité. Mais remarquez bien : c'est l'évêché qui presse la solution de la question. Il veut des engagements écrits et non des promesses verbales. »

Nous arrivons enfin à nous entendre sur un loyer de 3 ans et de 50 francs. Certains curés voisins ont obtenu des conditions moins dures. Mais M. Busquet, tenant à conserver intacte sa réputation d'anticléricalisme, ne peut accorder les bonnes conditions souscrites par les maires libéraux. Je suis donc obligé de montrer une grande bonne volonté.

— « Toutefois, monsieur le maire, j'exige, comme c'est mon droit et mon devoir, la mise du presbytère en bon état locatif. Ma demande est trop juste pour être rejetée. A ma place vous n'agiriez pas autrement ; peut-être même seriez-vous plus exigeant. »

Nouvelle difficulté qui semble tout compromettre. M. Busquet veut bien louer pour ne pas priver ses électeurs de leur curé, mais il n'entend pas faire plaisir au dit curé. Il peut avoir

des raisons personnelles de ne pas trouver ses
délices à m'être agréable. De plus, mille francs, au
bas mot, sont nécessaires pour remettre ma bico-
que en état.

Il invoque la pauvreté de la commune et fait entrevoir que M. le préfet n'approuvera probablement pas une telle dépense. Et puis le temps presse,
il a des ordres pour régler la situation le plus tôt
possible. Quelques instants auparavant, il prétendait le contraire et me reprochait de ne pas vouloir
rester dans le presbytère sans location.

Je ne relève pas la contradiction ; je suis même
bon prince et je le tire d'embarras.

— « Tout peut s'arranger, monsieur le maire, si
vous voulez montrer une bonne volonté égale à la
mienne. Nous allons rédiger un bail en vertu
duquel les charges du locataire et spécialement le
paiement du loyer commenceront à partir du jour
où l'immeuble sera mis en état d'être loué. De cette
manière, vous n'êtes pas obligé de faire les réparations et conformément au désir exprimé par
vous tout à l'heure, vous m'accordez la jouissance
gratuite du presbytère. De mon côté, j'ai pleine
satisfaction ; j'obtiens un bail régulier et tous les
droits du locataire. »

Ma proposition est acceptée. Séance tenante, le
bail est rédigé et signé. Quant à l'approbation de
la préfecture, M. Busquet s'en charge...

Comme la clause, portant dispense du prix du
loyer aussi longtemps que les réparations ne seront pas effectuées, pouvait faire quelque difficulté,
M. Busquet a préféré l'omettre dans le bail qui

sera présenté à M. le préfet. Mais nous l'avons explicitement exprimée sur une feuille à part, d'après laquelle l'acceptation de ladite clause est une condition de la valeur du bail. Le cachet de la mairie et la signature de M. Busquet ne permettent pas, ce me semble, de contester cette pièce. Le tribunal, s'il fallait défendre mes droits, pourrait tout au plus casser le bail comme entaché d'illégalité.

Morale : Montrez les dents, on vous respecte.

Ton tout dévoué...

70. — Lettre à M. l'abbé Lartigue

21 Avril 1908.

MONSIEUR LE CURÉ,

Les candidats du bloc sont enfin connus. Pour affronter le scrutin du 3 mai, M. Busquet a trouvé trois comparses prêts à lui faire la courte échelle, et ces trois comparses sont des catholiques pratiquants.

Successivement Delbosc, Loupiac et Duchala sont venus au presbytère. Je leur ai expliqué la lettre de l'Evêque sur le devoir électoral et leur ai indiqué les sanctions auxquelles ils s'exposent en votant mal, à plus forte raison en maintenant leur candidature. Delbosc, ancien élève du Petit Séminaire, a paru sensible aux prohibitions épiscopales, mais a refusé de retirer son nom ; Loupiac est fort irrité contre l'Evêque, parce qu'il ne pourra faire ses Pâques ; Duchala, gendre de Cantarel, a joué au théologien ; il a prétendu que les curés, en traitant comme un péché mortel un vote émis en faveur des blocards, outrepassaient leurs droits, et déclaré qu'il verrait ce qui lui restait à faire.

Auprès des trois, j'ai donc échoué ; malgré l'appel fait à leur conscience, ces catholiques se présentent sur la liste de M. Busquet, prêtant ainsi leur nom, leur influence et leur voix à l'ennemi de leur religion.

Le premier est candidat malgré lui. Son beau-père, qu'il n'ose contrarier, l'exige et il obéit. Loupiac croit avoir besoin du maire pour son fils, qu'il veut faire réformer. Duchala est ambitieux et veut devenir un personnage. Etre conseiller municipal comme l'a été son beau-père et, à son exemple, dire gravement : « Je pense comme dira M. le maire », voilà son rêve.

Malgré la lettre de l'Evêque, disant que mal voter est une faute grave et qu'il vaut beaucoup mieux ne pas se confesser si l'on a cette intention, à plus forte raison si l'on veut être candidat sur une liste mauvaise, Cantarel et son gendre Duchala ont été les premiers à la Sainte-Table le jour de Pâques ; Loupiac a eu assez de délicatesse de conscience pour s'abstenir ; Delbosc, ne résidant pas à Belmon, je ne sais ce qu'il a fait.

Voilà des catholiques qui, mis dans le cas de choisir entre la religion qu'ils pratiquent et M. Busquet qui les dupe, entre Jésus et Barabbas, choisissent Barabbas. Ils ne sont pas des juifs pourtant,... peut-être sont-ils un peu judaïsants !

J'ai couru toute la paroisse, j'ai expliqué, en particulier, à chaque électeur, l'importance du vote et la gravité du devoir électoral. Un trop grand nombre, malgré leur répulsion pour la Répuplique sectaire de M. Busquet et même les blâmes publics qu'ils lui ont infligés, n'oseront pas déposer dans l'urne un bulletin favorable aux hommes d'ordre.

Tout de même j'espère quelque chose du scrutin du 3 mai.

La liste de nos quatre candidats n'est pas encore élaborée, quoique quelques noms aient été mis en avant et discutés ; M. de Lucey, l'homme du pays le plus lettré en même temps que le plus généreux, ne jouit d'aucune influence personnelle. Il n'aura même pas la voix des ouvriers qui vivent de ses bienfaits. Caminat attend que les électeurs le sollicitent. Il prêtera son nom, mais voilà tout. C'est un homme parfaitement honorable ; cependant, malgré les nombreux services rendus à ses concitoyens et l'estime dont il jouit, il ne recueille qu'un nombre infime de suffrages. A la dernière heure, le tentateur survient et à force de menaces ou de promesses, gagne, non seulement les hésitants, mais même de fermes catholiques. Les deux autres candidats restent à déterminer ; nous prendrons probablement Landou et Lombard.

Comme nos candidats sont des froussards, je fais campagne à leur place.

La quête du Denier du culte me permet de visiter les familles, sans trop avoir l'air de chercher à les voir pour faire de la propagande. A peu près oujours je suis amené à parler des élections.

Laissant de côté les trois comparses de M. Busquet, braves gens fourvoyés dans une triste politique, je m'explique nettement, sans toutefois sortir
du terrain religieux : « Que le maire soit républicain ou royaliste, cela est indifférent. Mais si vous
tenez à votre religion, choisissez pour vous représenter un maire qui la respecte comme vous. »
Voilà tout mon boniment.

Appelle cela de la politique, si tu veux, puisque je dis très clairement de ne pas voter pour
notre potentat. Mais cette politique n'est tout simplement que de la défense religieuse sur le terrain
électoral, la seule défense appropriée à ma situation, la seule pratique et la seule efficace.

Je le fais remarquer à mes paroissiens : « Si on
avait laissé la religion tranquille, je ne serais pas
obligé de la défendre. M. le maire aurait fort bien
pu ne pas supprimer la première messe et accorder ce que tous les autres maires accordent. »

Toute la région a les yeux fixés sur les élections
de Belmon et attend le résultat avec curiosité.
Dans les diverses réunions de prêtres, on me
questionne et, cela va sans dire, on me critique
parfois. Une partie de mes confrères approuve mon
attitude ; une autre, la plus nombreuse et la plus
bavarde, la trouve répréhensible. On ne m'épar-
gne pas les pointes et quelques-unes sont amères.

Le curé des Genêts, que déconcertent mes idées
et mes actes, me disait récemment : « Mais vous,
qui vous placez sur le terrain constitutionnel, vous
n'auriez pas dû combattre M. Busquet au profit

de M. de Lareinty dont le royalisme est connu de tous. C'est une contradiction flagrante. »

« Non, monsieur le curé, il n'y a pas de contradiction dans ma conduite. J'ai tout simplement préféré un bon royaliste à un mauvais républicain. Me blâmerez-vous ? Le royaliste de Lareinty aime Dieu et la Patrie d'abord ; le républicain Busquet blasphème Dieu et se moque de la Patrie.

« Lequel des deux pouvait avoir ma sympathie ?

« M. de Lareinty ne représente pas pleinement mes idées, mais moins encore M. Busquet. Le premier se trouve avec moi en pleine conformité de vues sur deux points essentiels et en désaccord sur un point secondaire. C'est le contraire pour l'autre. Je suis prêtre avant tout, et non pas royaliste ou républicain d'abord et prêtre après ! » Telle fut ma réponse unanimement bien accueillie.

Par tradition de famille, par conviction personnelle ou même par simple répulsion de l'anarchie actuelle, on peut préférer pour la France un régime monarchique. Je respecte toutes les conceptions politiques, parce que toutes peuvent donner l'ordre, la liberté, la prospérité. Mais les papes ont dit que rien dans la doctrine de l'Eglise ne permet de condamner la forme républicaine, que l'on ne doit pas la confondre avec les excès de la démagogie et qu'on peut se déclarer partisan d'un gouvernement démocratique sans cesser d'être bon catholique.

D'ailleurs l'histoire nous apprend qu'à travers les siècles et en face de tous les régimes, même les plus persécuteurs, l'Eglise s'est toujours placée sur le terrain constitutionnel pour réclamer ses droits à la liberté.

Il existe, même chez les honnêtes gens, un sectarisme inconscient dont il faut s'affranchir pour pratiquer une juste et nécessaire tolérance. De quel droit imposer un idéal politique, si beau puisse-t-il paraître ? Au nom de quelle autorité excommunier ceux qui usent de la liberté reconnue à tous dans les questions douteuses ? *In dubiis libertas.* N'excommunions personne !

L'amour de Dieu et l'amour de la patrie devraient nous mettre d'accord.

Quelles que soient mes opinions personnelles, je seconderai de tous mes efforts celui, à quelque parti qu'il appartienne, qui inscrira dans son programme le respect de Dieu et le culte de la patrie. Si, en outre, il partage mes idées politiques, tant mieux. Je ne le servirai pourtant pas de meilleur cœur, l'ayant déjà donné tout entier aux deux nobles causes pour lesquelles je vis.

Tout cela, je l'ai dit, en présence de M. le curé des Genêts et quelques autres confrères, avec une vivacité et une conviction qui m'ont valu l'adhésion de mes auditeurs. Tous convinrent que seule la défense religieuse mérite de passionner un prêtre, et qu'il serait imprudent de laisser soupçonner dans notre action une arrière-pensée politique.

Mes démêlés avec M. Busquet m'amènent quelquefois à faire un exposé de principes qu'on ne m'aurait jamais demandé, si j'avais eu l'avantage de recevoir de mes supérieurs une de ces paroisses de tout repos, comme il y en avait tant autrefois. On me fait un renom de batailleur. Après la lutte contre mon maire sur le terrain des faits, je lutte, contre certains de mes confrères, sur le terrain des idées. Et moi qui rêvais la paix et la tranquillité! Tu ne me reconnais plus dans le placide séminariste de jadis! Cependant je n'ai pas changé pour toi, car je reste toujours ton tout dévoué en Notre-Seigneur.

71. — Lettre au frère Clément

9 mai 1908.

Mon cher Clément,

Le résultat des élections n'est pas bon!

M. Busquet est élu avec 54 voix. Deux autres candidats de sa liste et un des nôtres passent avec 53 voix. La majorité absolue étant de 53, M. Busquet a deux voix de majorité et les trois autres une seulement.

A Saint-Clair, deux opposants sont élus contre six blocards.

Le Conseil est divisé en deux fractions, l'une de neuf membres élus, avec le patronage du gouvernement; l'autre, de trois, élus sur un programme nettement catholique. M. Busquet reste donc maire de Saint-Clair.

Ce résultat, sans me surprendre beaucoup, me démoralise profondément. J'ai tenté tout ce qui était humainement possible et j'aboutis à un échec.

En faisant mon examen de conscience, je me reproche bien des choses. Dans mes efforts pour défendre les intérêts religieux, je n'ai pas été assez
surnaturel. J'ai trop compté sur moi. Il me semblait par mon activité pouvoir suppléer à tout. La
parole de la Sainte Ecriture se réalise une fois de
plus : *Nisi Dominus œdificaverit domum, in va-
num laboraverunt qui œdificant eam.*

Et parce que je n'ai pas été assez surnaturel, j'ai
reculé devant l'œuvre décisive. Lorsqu'il s'est agi
de la fondation d'une caisse rurale, l'argent a
manqué. Mais si, au lieu de me défier de la Providence, j'avais un peu compté sur elle, je l'aurais
trouvé. Je ne suis pas riche, cependant on m'aurait prêté à moi la somme nécessaire ; j'ai eu peur
d'aller la demander ; je n'aurais pas dû avoir honte
de mendier pour Dieu, ou d'engager pour lui, oui,
même mes meubles et mon petit avoir.

Plusieurs braves gens, débiteurs de M. Busquet, ont été obligés de voter bulletin ouvert.
Leurs sentiments me sont assez connus pour être
certain que leur suffrage nous eût été favorable,
si leur liberté eût été respectée. Cela suffisait pour
modifier le résultat. Aucun candidat de la liste
blocarde n'était élu. A Saint-Clair, où *La Croix*
pénétrait sans que personne songeât à sa diffusion, l'écart est d'une douzaine de voix.

Demandez pour moi au bon Dieu le plein esprit
surnaturel, qui porte à constamment s'oublier pour
ne compter que sur le secours du ciel. J'ai péché
par égoïsme et par présomption. Pendant quatre
ans la commune portera le poids de ma faute,

puisque, pouvant empêcher l'élection du sectaire Busquet, je ne l'ai pas fait.

Je tâcherai de réparer le mal dans la mesure du possible. Ce que je n'ai pas fait, je le ferai et ce qui me reste à faire, je l'entreprendrai résolument, demandant à Dieu de m'inspirer un désir toujours plus ardent de procurer sa gloire.

Agréez, mon cher Clément,...

CHAPITRE VII

Reprise des Hostilités

72. — Lettre à M. Lartigue

25 mai 1908.

Vous m'avez donné un peu de courage.

L'échec m'avait abattu au point de m'enlever la juste appréciation des résultats. M. Busquet est élu, mais avec 2 voix seulement de majorité. C'est peu si l'on tient compte des 10 électeurs étrangers. En réalité nous gagnons 8 voix sur les précédentes élections, tandis que nos adversaires les perdent, et nous pouvons dire que les habitants de Belmon sont, en majorité, hostiles à la politique blocarde. Si des 54 suffrages obtenus par M. Busquet nous enlevons les 10 étrangers, nos adversaires sont tous mis en minorité avec 44 voix.

Suivant vos conseils, j'ai exposé à M. de Lareinty, puis, en sa compagnie, à M. Henrion, l'avocat de Granville, les irrégularités, qui, étant donné la majorité infime, doivent faire casser les élections :

1º dans la salle même du vote, M. Busquet a donné
à un assisté un bulletin que celui-ci a dû immédiatement mettre dans l'urne ; 2º il s'est permis d'en-
foncer deux bulletins avec le porte-plume imbibé
d'encre et les a tachés. Au dépouillement, il les a
annulés. A Saint-Clair les faits semblent plus graves
encore. L'avocat insistera sur le nombre de suffrages proclamés, dépassant le nombre maximum
que pouvaient porter les bulletins. Il y a donc eu
fraude et l'annulation ne saurait faire un doute.
Le conseil de préfecture ne la prononcera pas. Ses
membres rendent des services et non pas des arrêts.
Mais nous avons le recours au Conseil d'Etat.

Avant hier, monsieur le curé, tandis que nous
établissions les faits pour documenter notre avocat,
je vous ai dit dans un moment de découragement :
« A quoi bon faire de la politique. Par elle, on n'arrivera qu'à jeter, ou plutôt à entretenir la division
entre concitoyens ; le curé y trouvera l'occasion à
peu près inévitable de se faire des ennemis ; le bon
Dieu n'a pas besoin de nous pour sauver son
Eglise. Je me rétracte. A mon avis, l'expression
« faire de la politique ». est équivoque, et peut signifier la propagande en faveur des idées républicaines, impérialistes, royalistes, aussi bien qu'une
action électorale pour la défense de l'Eglise. Dans
ce sens et dans ce dernier seulement, je crois la
politique permise et même imposée à tout prêtre.
Dieu qui nous a créés sans nous, ne nous sau-
vera pas sans nous. Le principe est d'une application juste et opportune en la matière. Que la
lutte s'engage avec le bulletin de vote pour arme,

ou de toute autre manière, nous devons la soutenir assez vaillamment pour que Dieu, qui seul donne la victoire, estime nos efforts dignes de récompense et leur accorde le succès.

N'est-ce pas qu'il y a du ressort chez les jeunes ! A l'abattement succède, presque sans transition, le plus chaleureux enthousiasme.

Je continuerai donc le bon combat, malgré la perte subie par ma paroisse. M. Dubreuil, un de mes plus fermes soutiens, quitte Belmon. Il m'a toujours secondé de ses conseils, de ses encouragements et de son argent. Des amis qui prodiguent de bonnes paroles, on en trouve encore ; mais des amis qui ouvrent la bourse et jusqu'au fond, comme ils sont rares !

Quels que soient mes regrets, je ne puis qu'approuver ce départ. Ici Mlle Dubreuil pouvait assez difficilement soigner son père et celui-ci, privé, par la faiblesse de sa vue, de la société de ses livres, dépérissait d'ennui. A Granville, il trouvera des relations plus agréables et des commodités plus grandes qu'à Canguise.

73. — Informations paroissiales

3 juillet 1908.

Fin du syndicat. — Depuis près de deux ans, notre syndicat fonctionne réalisant au profit de ses membres de sérieuses économies.

Au début, il a rencontré des détracteurs qui, pour amener sa chute, n'hésitaient pas à jeter sur ma gestion les plus odieuses calomnies. Par vous même, vous avez pu le constater, je retirais seulement du syndicat de continuels tracas.

Les sceptiques, d'après lesquels à Belmon tout entente durable était impossible, se sont rendus à l'évidence et ont fini par demander leur admission.

Le syndicat compte aujourd'hui trente-cinq familles. Depuis sa fondation, ses achats se sont élevés à la somme de 8.900 francs qui ont valu aux sociétaires un bénéfice net d'environ 900 francs. En outre, les marchandises ont toujours été de qualité bien supérieure à celles que vous auriez achetées à prix égal.

Notre association est donc aujourd'hui en pleine prospérité.

Elle est cependant condamnée à disparaître, malgré l'attachement dont vous l'entourez. Un arrêt de la Cour de cassation (rendu il y a deux mois), déclare illégal l'achat ou la vente par les syndicats de toutes les marchandises qui ne sont pas du domaine purement professionnel. Notre groupement, étant agricole, peut continuer ses opérations seulement sur ce qui est strictement agricole. Il doit désormais se confiner dans l'achat ou la vente des graines, des engrais, des machines, etc.

Notre association, ainsi diminuée, ne peut vivre et, avec peine, je me vois obligé de vous annoncer sa disparition.

Je tenais beaucoup à notre syndicat. Pour le maintenir, je n'aurais ménagé ni mon temps, ni ma peine, parce qu'il me permettait de vous venir en aide. Par les cotisations cultuelles vous me faites vivre. J'étais heureux de vous rendre ce que vous me donnez, en vous facilitant d'appréciables économies sur vos achats, pour ne pas vous être à charge.

J'espère trouver un autre moyen d'atteindre le même but. Cet hiver je vous réunirai dans mon presbytère. Nous parlerons de vos affaires et de vos embarras. Nous mettrons en commun nos lumières et peut-être de ces réunions sortira quelque œuvre non moins utile que le syndicat.

Réparations au portail de l'église. — Depuis près d'un an, j'ai prévenu M. le maire que le portail de l'église était abîmé par le mauvais temps et qu'il serait urgent de le réparer. On n'a pas tenu compte de mon avis et dimanche dernier, vous avez pu le constater, l'église n'était plus fermée, quelques planches complètement pourries étant tombées. La fabrique n'existant plus n'a pas à s'occuper de cette réparation. D'ailleurs l'argent, prélevé à l'occasion des chaises est à peine suffisant pour faire face aux dépenses courantes du culte.

Que faire ?

Ne pouvant tolérer que l'église reste ouverte la nuit et le jour, et me considérant, sinon devant le Gouvernement du moins devant vous, comme le dépositaire de tous les objets du culte, j'ai pris mes dispositions pour consolider le portail. M. Caminat s'est chargé, avec quelques planches, offertes gratuitement à la commune trop pauvre pour payer cette réparation, de fermer aussi solidement que possible. Cela fera un contraste choquant avec la beauté de l'édifice. Mais il appartient à M. Busquet, en sa qualité de maire, de commander un portail convenable. Il dispose des fonds communaux pour des travaux moins urgents. Pourquoi oublierait-il cette réparation, réclamée par l'immense majorité des contribuables ?

74. — Lettre au frère Clément

11 octobre 1908.

Mon cher Clément,

J'ai à vous annoncer une lugubre nouvelle : M. Lartigue est mort subitement cette nuit... Je ne puis croire que ce soit vrai.

Hier soir, à Granville, il se montrait comme toujours, plein d'esprit et de bonne humeur. Il est rentré à pied, faisant, sans fatigue, 7 à 8 kilomètres. Il prit son repas comme d'habitude, et passa la soirée chez le boulanger Berly, son voisin. Avant de se coucher, il demanda un bol de tilleul et monta dans sa chambre. Il était 10 heures environ.

Que s'est-il passé ? On ne le sait pas. Vers 3 heures, la servante fut réveillée par un bruit de râle. Elle courut à la chambre de M. le curé et le trouva sans connaissance. Des voisins, appelés en toute hâte, arrivèrent trop tard.

Mon ami était heureusement prêt à paraître devant Dieu, car il se savait atteint d'une maladie de cœur. Le docteur ne lui avait pas caché la gravité de son cas. Ainsi pour lui se réalise à la lettre la parole de N.-S. : « Le fils de l'homme viendra au moment où on l'attendra le moins » ; et le bon prêtre, pour n'être pas surpris, l'attendait tous les jours et toutes les nuits.

Je ne puis y croire ! Il me semble que c'est un cauchemar ! Et cependant je me suis agenouillé près de la dépouille mortelle de mon ami ; j'ai touché de mes lèvres son front glacé ! Il est bien mort !

Je ne puis traduire ce que je ressens. La perte d'un membre de ma famille me causerait une peine moins sensible. Je l'aimais plus qu'on aime un ami, comme un fils aime son père. Il était mon guide, mon soutien, mon modèle. Il prenait sa part de mes peines, et, pour les calmer, me contait les siennes. Pour lui aussi, la vie avait eu ses amertumes et ses déboires !

Que vais-je devenir, seul, devant mon terrible adversaire, plus arrogant et plus despote que jamais, depuis son triomphe ? Comment pourrais-je oublier la délicate intervention de M. Lartigue auprès de Monseigneur ? Il a sauvé mon honneur sacerdotal ! Cela ne suffit-il pas, sans parler des précieux encouragements qu'il m'a toujours prodigués, pour lui vouer toute mon affection et toute ma reconnaissance. J'ai déjà célébré la sainte Messe à son intention, et je prierai encore pour lui ouvrir les portes du ciel, s'il n'est pas déjà parmi les bienheureux.

Mais je ne l'ai pas perdu tout entier. Depuis qu'il n'est plus de ce monde, il me semble parfois le sentir plus près de moi, comme s'il participait à ma vie et lisait dans mon âme. Il me protèger aussi bien, mieux même, que lorsqu'il partageait mes luttes.

Tout à l'heure, mon cher Clément, au commencement de l'office du jour, récité pour lui, je me suis senti ému jusqu'aux larmes en disant : Je crois à la communion des saints. Oh ! oui, j'y crois. Ceux que la mort a ravis à nos regards ne nous ont quittés qu'en apparence, et nos prières, comme notre amour, nous réunissent déjà, en attendant de se retrouver au ciel.

Comme la religion est consolante !

Croyez, mon cher Clément, à toute mon amitié.

75. — Lettre à M. l'abbé Delmas

20 octobre 1908.

Mon cher ami,

Je viens d'assister à la neuvaine de M. Lartigue. Toute la paroisse était là, dans un vrai deuil. Si M. le doyen de Clermon a éloquemment parlé des qualités du défunt, l'assistance, par ses sanglots et ses prières, a non moins éloquemment redit ses mérites.

Au nom de Monseigneur, M. le vicaire général a lu, à la fin de la cérémonie, une lettre par laquelle étaient fixées les conditions auxquelles un successeur lui sera donné. On demande simplement que les réparations urgentes soient faites au presbytère, et que le bail soit consenti pour la somme de 50 francs et pour une durée de 3, 6, 9. Provisoirement et jusqu'au règlement de cette affaire, un professeur du Petit Séminaire viendra tous les dimanches célébrer une messe. Je suis chargé d'assurer le service sur semaine.

Que va faire notre tyranneau ?

J'ai eu quelques échos de ses intentions. D'après lui, un seul curé suffirait pour la commune... « Il n'y a qu'un seul maire », dit-il. Aux amis, il parle plus franchement : « C'est assez d'un ennemi ; à quoi bon toutes ces mascarades cléricales ? »

Donc la lutte va recommencer. Elle va s'engager entre l'arrogant M. Busquet et Monseigneur, plus étendue, plus âpre et plus décisive que jamais, car jadis, seul, j'étais en présence du satrape de Saint-Clair et ma défaite ne compromettait que des intérêts restreints. Le bien religieux des deux paroisses dépend de l'issue du conflit. Le diocèse tout entier, attentif aux événements, en subira le contre-coup. Si M. Busquet fait triompher ses prétentions, tous les maires blocards, voyant qu'on peut impunément manger du curé, rendront la vie dure au clergé. Mais si Monseigneur obtient gain de cause, ce sera une leçon opportune donnée à tous ceux qui voudraient jouer au tyranneau de village. Le conflit est donc gros de conséquences pour la commune de Saint-Clair et pour toute notre région.

Afin de défendre efficacement les intérêts religieux qui me sont confiés, je sens le besoin de m'appuyer sur l'opinion publique. Je gagnerai les esprits par la presse fortement organisée à Belmon, et bientôt, je l'espère, non moins répandue à Saint-Clair. Mais pour décider les volontés à agir, il me faudrait l'appui d'une association. Le syndicat est mort et il m'est impossible de créer une œuvre s'étendant aux deux paroisses. Cependant il faudrait essayer quelque chose.

Saint-Clair compte quelques hommes de cœur. Jacquier, président du Conseil paroissial, est un de ces chrétiens de vieille roche, prêts à tous les sacrifices pour défendre leur foi ; un peu timide, peut-être, et manquant de résolution, mais si convaincu et si dévoué ! Deliles et Berly sont nos représentants au Conseil. Le premier, par ses coups de boutoir et ses mots spirituels provoquant l'hilarité même des adversaires, est le Lasies de notre assemblée municipale. Le second en serait le Piou. Tous deux sont boulangers et tous deux animés d'excellents sentiments. Ils apportent, dans la gestion de leurs intérêts professionnels, ce vieil esprit corporatif qui disposait nos pères, exerçant le même métier, à s'entendre plutôt qu'à se combattre. Aussi, entre eux, règne une sincère confraternité. Il faut ajouter, aux défenseurs de la cause catholique, M. Boudillon, jeune encore, et plein d'ardeur, et M. de Laval, tout nouveau venu dans le pays, mais dont l'influence s'accroît tous les jours. Si jamais M. Busquet est débarqué, c'est à ce dernier que reviendra l'écharpe.

Les blocards, peu nombreux mais dangereux, ne jouissent d'aucune influence.

L'adjoint Hébrard et un conseiller, Deloncle, se sont fourvoyés, on ne sait trop pourquoi, dans ce parti qui ne représente certainement pas leurs idées. Le premier est fabricien et le second organiste. Comme mon chantre Cantarel, ils voudraient servir deux maîtres à la fois ; Jésus-Christ l'a cependant déclaré impossible.

Mal vus par le bloc qui les soupçonne de tiédeur, ils sont tenus à l'écart par les catholiques qui ne peuvent leur accorder leur confiance.

Peut-être les événements amèneront-ils une solution plus heureuse et plus rapide que je n'ose l'espérer !

C'est ce que tu demanderas à Dieu, dans l'intérêt de ton ami tout dévoué.

76. — Lettre à Mlle Dubreuil

15 janvier 1909.

Mademoiselle,

Puisque vous vous intéressez encore aux affaires de la commune et que M. Dubreuil veut bien ne pas oublier son pauvre curé de campagne, je vais de mon mieux satisfaire votre aimable curiosité.

Comme vous le savez, Monseigneur, par une lettre lue à la population de Saint-Clair le jour de la neuvaine de M. Lartigue, demanda que le presbytère fut remis en état et loué aux conditions consenties par les municipalités voisines, c'est-à-dire pour une durée de 3, 6, 9 et pour la somme de 50 francs. Votre cousin s'est contenté de faire remplacer quelques tapisseries et blanchir à la chaux quelques chambres. La dépense n'atteint certainement pas 100 francs. Puis de sa propre autorité et sans consulter le conseil municipal, M. Busquet a informé M. le doyen de Belmon qu'il consentirait un bail d'un an, au prix de 200 francs.

En réponse, Monseigneur a supprimé la messe dominicale. Il m'autorise cependant à faire sur semaine, dans l'église de Saint-Clair, les cérémonies nécessitées par les circonstances. Et voilà comment en plein janvier, je cours les chemins par tous les les temps et à toute heure. Comme ma bicyclette me rend service ! Sans elle, mes malades mourraient sans sacrements. Si vous rencontrez quelque vénérable ecclésiastique qui vous dise du mal des prêtres utilisant la bicyclette, priez-le, mademoiselle, de venir pendant huit jours seulement remplacer le curé de Belmon. Je réponds de sa conversion ou de sa mort... et je ne veux pas la mort du pécheur, mais plutôt qu'il se convertisse, qu'il vive et qu'il travaille !

Les habitants de Saint-Clair souffrent beaucoup de la privation du culte. Le dimanche leur semble supprimé. Autour de l'église, les commerçants ne vendent plus rien ; les cafés sont vides. La localité, autrefois si animée, semble morte. On se rend à Granville ou bien on reste chez soi. Si jamais on supprimait le culte dans nos campagnes, le dimanche passerait bientôt inaperçu et nos paysans deviendraient de vrais sauvages insociables et solitaires ; ils ne se verraient plus les uns les autres et la vie sociale disparaîtrait. On n'est pas encore prêt pour cet état de choses, aussi le mécontentement gagne-t-il les indifférents et les protestants eux-mêmes.

Dimanche dernier, vers 9 heures, le bruit se répandit que M. Busquet se trouvait à la mairie. Aussitôt une dizaine de femmes se réunirent pour l'attendre à la sortie. Elles ont bonne langue et la main leste. Le maire les connaît et devinant ce qui l'attend, retarde son départ. Enfin il faut bien se montrer, car la patience des femmes paraît inlassable. En un clin d'œil, il est entouré, pressé de questions, houspillé au point qu'il n'a d'autre ressource, pour éviter de plus graves désagréments, que de chercher un refuge dans une maison amie.

La mare, où barbotent les canards du village, se trouve à côté et déjà plusieurs personnes avaient montré qu'on était tout disposé à faire prendre un bain gratuit à notre illustre maire.

Pour cette fois on s'est contenté de lui faire peur, mais le sort subi par son melon, mis en lamentable état, lui a fait comprendre qu'il y aurait danger à s'exposer à de pareilles scènes, d'où le respect dû à l'écharpe ne le tirerait certainement pas indemne.

Il restait à M. Busquet une diversion possible : impliquer le Conseil dans sa querelle avec l'Évêque. Dans ce but, M. le maire tint une séance dimanche dernier. Il avait préalablement visité chacun des membres de sa majorité et lui avait fait promettre de sanctionner les propositions offertes à M. le doyen de Clermon. Heureusement nous eûmes le temps de prévenir le public qui se rendit nombreux à la séance. Nous avons été un peu révolutionnaires puisque, comme à la Convention, l'attitude des tribunes a intimidé nos mandataires au point de modifier leur décision.

Lorsque les conditions du loyer furent mises aux voix, une protestation générale s'éleva dans toute la salle, soutenue par les conseillers catholiques. Des cris de démission furent prononcés avec une telle énergie qu'il fut impossible, pendant près d'un quart d'heure, d'imposer silence à la foule. Le garde-champêtre, sur l'ordre du maire, voulut intervenir, mais il fut prestement acculé en un coin de la salle, d'où une formidable poussée lui interdisait de sortir pour remplir sa mission.

Le calme rétabli, les conseillers municipaux furent invités à se prononcer. Seul M. Busquet opina pour un loyer d'une durée d'un an et d'un prix de 200 francs. Furieux de son échec public, il leva la séance, sans que la question reçut une solution.

Hier soir, seconde réunion du conseil ; autant de monde dans la salle et beaucoup plus de femmes devant la porte. Malgré l'énergique protestation des trois conseillers de l'opposition, la majorité, bien stylée cette fois, décida que le presbytère serait loué pour une durée de trois ans, au prix de 100 francs.

C'est une concession. Monseigneur la jugera-t-il suffisante? Il ferait bien, ce me semble, puisque la lutte est engagée, de s'en tenir à ce qu'il a demandé. D'ailleurs le diocèse manquant de prêtres, les paroisses bien disposées doivent être desservies les premières, et Saint-Clair, présentement du moins, n'est pas du nombre. D'autre part, si l'évêché se montre trop conciliant, l'exemple de notre commune ne sera pas perdu pour les maires blocards du département.

Pour moi, officiellement chargé de la paroisse de Saint-Clair, j'y mène la même campagne qu'à Belmon par la diffusion de la bonne presse et la distribution de mes *Informations*. La *Croix* de Granville est envoyée à toutes les personnes susceptibles de s'abonner. On y lira, dimanche, le compte-rendu de la séance du Conseil.

A Belmon, rien de nouveau, ou à peu près. Le curé reste incorrigible dans ses habitudes. Malgré sa condamnation pour exercice illégal de la médecine, il vient de récidiver. Rabanel, en éteignant un feu de cheminée, s'est brûlé au visage et aux mains. Cela ne paraissait rien tout d'abord, mais la blessure, mal soignée, s'est envenimée. On a fait appel à M. Busquet père, qui dit tenir de ses ancêtres un secret pour « éteindre », par certaines pratiques superstitieuses, les plaies occasionnées par le feu.

Son intervention est restée inefficace et l'on est venu me trouver. Au risque d'encourir une condamnation, j'ai donné un remède. L'effet ne s'est pas fait attendre et Rabanel se joint à nombre d'autres pour célébrer mes talents.

J'arrête ici, mademoiselle, ma chronique campagnarde déjà trop longue. Je vous prie de me rappeler au bon souvenir de M. Dubreuil et d'agréer l'assurance de mon plus profond respect.

77. — Informations paroissiales

25 *janvier 1909.*

Coopérative de consommation. — Notre syndicat, obligé de se dissoudre, va renaître sous une autre forme. M. de Lareinty, conseiller général, a bien voulu constituer pour tout le canton une coopérative de consommation, qui remplira, dans chaque paroisse et spécialement à Belmon, le rôle de notre ancien syndicat. Pour les associés, le fonctionnement et les avantages sont absolument les mêmes. Seul, le nom du groupement, est changé. Les commandes étant plus fortes, puisqu'elles comprendront plusieurs paroisses, les réductions seront plus considérables.

Mardi prochain, à 8 heures, dans la salle de nos réunions, M. de Lareinty donnera une conférence, pour vous expliquer les conditions d'admission à la nouvelle association. Tous les anciens syndiqués se feront un devoir de venir entendre la parole si autorisée de notre représentant au Conseil général. Il va sans dire que tous les hommes sont invités à cette réunion, dans laquelle, laissant de côté toute question politique, l'orateur vous parlera seulement de vos intérêts professionnels.

Réponse à M. Busquet. — Pour égarer l'opinion et se disculper du trouble jeté dans la commune, M. Busquet, dans une conversation qu'il ne démentira point, n'a pas hésité à prêter à Monseigneur des exigences inouïes. Avec une témérité inqualifiable chez un homme qui veut être pris au sérieux, il affirme que de vive voix et par écrit M. le doyen de Clermon lui a demandé au nom de l'évêché un bail résiliable au gré du preneur seulement. Voici un démenti qui lui apprendra le respect de la vérité : « L'abbé Berthez, curé-doyen de Clermon, déclare que jamais, ni par écrit, ni de vive voix, il n'a demandé à M. le maire de Saint-Clair un bail résiliable seulement par le futur curé. »

Un maire, si blocard soit-il, n'a pas le droit de travestir la vérité pour tromper ses administrés.

Première communion. — Après avoir consulté les parents pour connaître l'époque qui leur paraîtrait plus favorable pour la cérémonie de la Première communion, j'ai fixé mon choix au premier dimanche de mai. Le temps est généralement beau à cette saison ; les travaux ne sont pas encore trop pressants et la cérémonie pourra facilement revêtir toute la solennité désirable.

Les parents sont priés d'envoyer les enfants au catéchisme plus régulièrement que jamais, de leur faire apprendre la leçon quotidienne et même de leur donner quelques explications. Ils y trouveront, outre l'avantage de bien préparer leurs enfants, celui de mieux pénétrer eux-mêmes les vérités chrétiennes et de se les remémorer, s'ils les avaient quelque peu oubliées.

Ils doivent aussi prier avec ferveur pour que Dieu bénisse les efforts de leurs petits premiers communiants, et qu'ils offrent à Notre-Seigneur, en ce beau jour, des âmes bien décidées à se corriger de leurs défauts. Parents chrétiens, si vous faites cela, vous serez récompensés dès cette vie. Vous aurez le bonheur d'avoir de bon fils et des filles vertueuses..

Puisque Saint-Clair n'a pas encore de curé et qu'il est difficile de prévoir quand cessera cette privation, je suis disposé à accepter les enfants de cette paroisse. Je sais qu'ils connaissent déjà la doctrine catholique. Mais il faut que je sois prévenu dans la quinzaine. Les demandes, qui me parviendraient plus tard, ne seraient pas acceptées.

Une erreur de M. Busquet. — Pour légitimer ses exigences, M. Busquet prétend, qu'en réclamant du futur curé de Saint-Clair un loyer très élevé il défend les intérêts de la commune. C'est une erreur, je pourrais dire une duperie dont se sert M. le maire pour cacher sa haine de la religion.

Sans doute, la caisse municipale aura comme surplus la somme versée par le futur curé. Mais cette somme où sera-t-elle prise ? Dans les poches des contribuables qui, depuis la loi de Séparation, doivent entretenir et loger leur curé.

Exiger un fort loyer du presbytère en prétendant défendre les intérêts communaux, c'est dire qu'une commune est d'autant plus riche que ses habitants sont plus chargés d'impôts. M. Busquet pense peut-être ainsi, parce qu'il a plus d'argent à manier. Mais ses administrés pensent autrement, parce qu'ils doivent verser davantage.

78. — Lettre à M. le vicaire général

15 mars 1909.

Monsieur le vicaire général,

Ayant reçu mission d'administrer la paroisse de Saint-Clair, je me crois obligé de vous informer des mouvements de l'opinion et des besoins de la population.

L'opinion publique se prononce ouvertement contre M. Busquet et prend parti pour Monseigneur.

Mais avec le temps, un revirement pourrait se produire. Déjà la plupart des habitants de Saint-Clair manquent la messe ; les plus fervents, seuls, se rendent dans les paroisses voisines. Cet abandon progressif des habitudes religieuses créera une situation à laquelle le futur curé aura de la peine à remédier.

D'autre part, une calomnie, répandue par nos adversaires, commence à s'accréditer, qui attribue l'intransigeance de Monseigneur à des visées moins religieuses que politiques. On dit que nous voulons renverser M. Busquet pour lui substituer M. de Laval.

Enfin, pour les paroisses voisines, l'exemple est fâcheux. La messe, dit-on, n'est pas d'une obligation rigoureuse, puisque l'Evêque prend des mesures ne permettant pas aux habitants d'une commune de l'entendre.

Tout cela est grave; aussi j'ose proposer à Monseigneur d'adoucir le sort des bons catholiques de Saint-Clair sans revenir sur sa parole.— une capitulation devant M. Busquet serait trop préjudiciable à la cause catholique. — Il serait bon, je crois, de donner satisfaction au désir de la population, en accordant une messe, au moins le dimanche. Je m'offre à la célébrer. Ce sera un surcroît de fatigue, mais, il me semble, le bien religieux des populations que vous m'avez confiées demande cette mesure.

Voici comment, à mon avis, on pourrait procéder pour ne pas permettre à nos adversaires d'interpréter cette concession comme une victoire sur l'administration diocésaine. Je rédigerai une pétition contenant un blâme pour M. Busquet et la promesse de payer la cotisation du denier du culte. Au jour fixé, chacun des conseillers paroissiaux fera sa tournée dans son quartier. Les paroissiens de Saint-Clair seront pris chez eux, isolés du groupe qui les intimide et mis en demeure d'accorder ou de refuser leur signature. Le succès n'est pas douteux.

Que ma proposition soit acceptée ou refusée, veuillez, Monsieur le vicaire général, croire toujours à ma parfaite docilité dans l'exécution de vos ordres.

Agréez, etc...

79. — Informations paroissiales

1er avril.

Pétition à Monseigneur. — « Nous soussignés, habitant la paroisse de Saint-Clair, fermement attachés à la foi catholique et désireux de remplir nos devoirs religieux, demandons humblement à Sa Grandeur Monseigneur l'Evêque de Granville, de vouloir bien nous accorder la célébration de la messe dominicale dans notre église. Nous regrettons profondément d'être privés de curé et invitons M. le maire à consentir sans retard un loyer aux conditions demandées par l'administration ecclésiastique. Nous nous engageons à payer notre part du denier du culte. »

Aux habitants de Saint-Clair. — Cette pétition est signée de 210 contribuables. Huit chefs de famille ont refusé d'y apposer leur nom, et sur ces huit, plusieurs ont invoqué des prétextes peu sérieux qui permettraient, jusqu'à un certain point, de les considérer comme adhérant en principe à la pétition.

La paroisse de Saint-Clair a magnifiquement fait son devoir. Malgré les intimidations dont elle a été l'objet, elle a montré son attachement au culte catholique.

M. Busquet, qui prétendait être soutenu par la

majorité de la population, reçoit un blâme public dont il lui est difficile de nier la grande portée. Un véritable républicain, c'est-à-dire un homme respectueux de la souveraineté populaire s'inclinerait aussitôt devant le vœu exprimé par ses électeurs et accorderait le presbytère aux conditions demandées par Monseigneur.

La pétition des habitants de Saint-Clair est agréée par l'autorité ecclésiastique. A partir de dimanche prochain, je célébrerai une messe dans leur église. Par leur affluence, les catholiques feront honneur à leur signature.

Aux habitants de Belmon. — Chargé par Monseigneur du service dominical de la paroisse de Saint-Clair, je dois vous demander de vous contenter de la seconde messe.

Ce sera une gêne pour vous. Mais à qui la faute?

Ce n'est pas à moi qui, sans avantage d'aucune sorte, aurai un surcroit de fatigue.

Ce n'est pas à Monseigneur, qui serait tout heureux d'envoyer un curé à Saint-Clair, si M. le maire agissait comme ses collègues des communes voisines.

C'est donc à M. Busquet, qui fait profession d'anticléricalisme et met en harmonie ses idées et ses actes, sans se préoccuper ni des intérêts, ni des sentiments de ses administrés.

Mais, peut-être dira-t-on, Belmon ne doit pas subir les conséquences qu'entraîne l'absence de curé dans la paroisse de Saint-Clair. Belmon a sa part de responsabilité dans cette déplorable situation ;

mes chers paroissiens me permettront de le leur dire avec tristesse. Les habitants de Saint-Clair n'ont pas donné leurs voix à M. Busquet. C'est Belmon qui lui a permis de conserver la direction de la commune, en lui donnant la majorité au sein de l'assemblée communale. Je ne vous trompais donc pas, lorsque je vous disais que mal voter est une faute dont les conséquences sont extrêmement graves.

Toutefois, je demeure avant tout curé de Belmon et je m'efforcerai, autant que je le pourrai, d'épargner à mes paroissiens les dérangements et les ennuis qui résultent pour tous de la faiblesse de quelques électeurs. Je m'occuperai de Saint-Clair, à part la célébration de la messe du dimanche, dans la mesure où je le pourrai, sans rien changer aux usages de ma paroisse.

80. — Lettre à M. l'abbé Delmas

25 mai 1909.

Mon cher ami,

Je ne t'écris pas aussi fréquemment que jadis, et nos entrevues deviennent rares. Tu en connais la cause. Le service de Saint-Clair ajouté à celui de Belmon, prend tout mon temps; je suis toujours par monts et par vaux.

A la visite des malades s'ajoutent les soucis de

la Première Communion ; oui, des soucis ; mais j'y trouve aussi des consolations. Quinze enfants de Saint-Clair sacrifient la classe malgré la loi et malgré l'instituteur, pour venir tous les jours à Belmon assister au catéchisme.

Les parents auraient bien voulu que je me rendisse dans leur église deux ou trois fois par semaine pour instruire leurs enfants. Monseigneur n'a pas jugé à propos de faire cette concession. Le jour de la Première Communion, il faudra déserter Saint-Clair ; toutes les cérémonies seront célébrées dans mon église. Cela contrarie beaucoup la population ; mais à toutes les plaintes je fais toujours la même réponse : Obligez M. Busquet à louer le presbytère.

Mes pauvres petits catéchisés sont bien courageux ; je fais de mon mieux pour leur épargner la fatigue, mais je ne puis supprimer la distance. Quelques-uns font, sans trop se plaindre, jusqu'à 16 kilomètres, aller et retour.

Malgré tout, je ne puis regretter l'effort qu'ils s'imposent. Je constate avec bonheur les grâces par lesquelles le bon Dieu répond à leur bonne volonté. Mes enfants de Belmon ont été stimulés par beaucoup de leurs petits camarades, et vraiment j'admire comment le bien peut sortir du mal.

Notre appel de la décision du Conseil de préfecture validant les blocards et invalidant M. de Lucey, passera devant le Conseil d'Etat dans quelques mois. L'avocat, choisi par M. de Lareinty pour défendre notre cause, nous l'a fait savoir. Nous espérons une solution favorable, et dans cet espoir, nous avons surveillé de notre mieux la révision des listes électorales. M. de Laval nous a beaucoup secondés dans la préparation des dossiers. A Saint-Clair, nous avons pu, par le simple travail d'une révision consciencieuse, gagner huit voix. A Belmon, sept inscriptions nouvelles, obtenues par M. Busquet, nous mettent en fâcheuse posture.

Tout en montrant toujours la même intransigeance sur la question du presbytère, M. Busquet évite de me donner des griefs contre lui, pour ne pas s'aliéner la population de Belmon. Il vient de remplacer le portail vermoulu de mon église. C'est à croire que nous avons fait la paix, puisqu'il me suffit de demander une chose par la voix de mes *Informations* pour l'obtenir.

M. de Lareinty prend à cœur la coopérative cantonale dont il est le président et qu'il va bientôt compléter par une caisse rurale. Cela lui procure l'occasion de visiter les différentes localités de la région et de se maintenir en contact avec la population. Cependant tout ne marche pas à souhait, et plusieurs paroisses restent réfractaires. Nous avons beaucoup à faire pour gagner le clergé, les classes dirigeantes et le peuple aux multiples applications de la mutualité.

Viens me voir lundi ; nous causerons de ce que je ne puis confier à la discrétion très relative de la poste.

Reçois, etc...

81. — Lettre à M. le vicaire général

1er juin 1909.

Monsieur le vicaire général,

Bien loin de s'améliorer, la situation s'aggrave de jour en jour à Saint-Clair. M. Busquet vient d'annoncer, par voie d'affiche, que le presbytère serait loué aux enchères le 21 juin. J'apprends, d'autre part, que ses amis se sont entendus pour faire monter le loyer à 200 francs.

En outre, abusant de son autorité de maire, M. Busquet a fait transporter une grande partie des chaises de l'église à la salle de bal, où se donnait avant hier une conférence populaire suivie d'une soirée récréative. Des témoins dignes de foi m'ont raconté que, pendant l'enlèvement des chaises, M. le maire a eu dans l'église l'attitude la plus inconvenante, gardant le chapeau sur la tête, proférant de grossiers blasphèmes et portant même son audace jusqu'à frapper contre la porte du tabernacle.

Ces événements soulèvent une grosse émotion et des désordres sont à craindre.

Veuillez, monsieur le vicaire général, me dire ce que j'ai à faire pour défendre les droits de l'Eglise et prévenir les scandales possibles.

Agréez, etc.

CHAPITRE VIII

Le Triomphe

82. — Article de la « Croix »

12 juin 1909.

Aux habitants de Saint-Clair. — Comme électeurs et comme conseillers municipaux, nous avons le droit de surveiller toutes les dépenses municipales.

M. Busquet entend disposer de votre argent sans rendre des comptes à qui ce soit. Nous ne le supporterons pas. Voilà pourquoi nous avons été, malgré lui, prendre copie, à la mairie, des pièces qu'il n'a pas voulu nous communiquer en séance. Nous portons à votre connaissance le résultat de notre examen, afin de vous permettre d'apprécier l'emploi de votre argent.

Le sieur X... a reçu 600 francs pour journées faites sur les chemins vicinaux ; ce qui, en mettant la journée à 2 francs, indique qu'il a été employé toute l'année. Or cet ouvrier, en plusieurs circonstances, notamment aux fenaisons, a travaillé sur la propriété de M. Busquet. Celui-ci se servirait-il des fonds communaux pour payer ses salariés ?

Deux cents francs sont votés pour distribuer du pain aux indigents. M. le maire a refusé de justifier l'emploi de cette somme, disant que le Conseil devait avoir confiance en lui. Celui qui n'a rien à se reprocher ne fait pas tant de difficultés pour montrer ses comptes à qui a droit de les connaître.

Parmi les bénéficiaires de la médecine gratuite, nous relevons trois propriétaires payant plus de 60 francs d'impôts. Nous pourrions citer des noms et flétrir à la fois celui qui gaspille l'argent des pauvres et ceux qui en bénéficient sans pudeur. Nous attendons un démenti de M. le maire.

Nous n'avons pu savoir sur quelle base avait été faite la distribution des fonds accordés par le gouvernement à l'occasion de la dernière sécheresse. Mais nous avons appris que sur les 300 francs obtenus par la commune pour indemniser les riverains de l'Ysette, victimes de l'inondation, 130 francs ont été accordés à trois étrangers de Saint-Urcisse, qui, en témoignage de reconnaissance, ont demandé leur inscription sur les listes électorales de Belmon. M. Busquet, possédant sur les bords de l'Ysette un bois de 50 ares, s'est fait adjuger 75 francs pour les dégats subits.

Lorsque vous perdez votre bétail, vous obtenez de l'Etat et de la commune, une indemnité dérisoire. M. Busquet est plus heureux. Pour la vache qui lui est morte en janvier, il a reçu un mandat de 645 francs:

Ces révélations vous expliquent chez M. Busquet la peur du contrôle et son attachement à l'écharpe.

Comptez sur nous. Nous ne faillirons pas à notre tache, si difficile soit-elle.

De Lucey, Delille, Barly,
conseillers municipaux.

83. — Lettre au frère Clément

20 juin 1906.

Mon cher clément,

Je ne vous oublie pas. Même au milieu des événements graves qui remplissent ma vie, je pense à vous comme à l'ami, dont la sympathie ne pouvant m'être secourable par son appui, m'accorde du moins un souvenir dans ses prières. Dieu soutient visiblement ses soldats, car, parfois, la tourmente est si violente et l'horizon si noir qu'ils seraient prêts à déserter la lutte, s'ils comptaient seulement sur eux-mêmes.

Je reviens de Saint-Clair où j'ai dû célébrer les obsèques du père de l'adjoint Hébrard.

En réponse aux provocations insolentes de M. le maire, Monseigneur, pour affirmer contre lui, l'autorité du curé dans l'église et sur le mobilier la garnissant, a ordonné de ne plus sonner les cloches jusqu'à nouvel ordre, de retirer la Réserve et de célébrer toutes les cérémonies sans chants ni solennité. Ce n'est pas l'interdit jeté sur Saint-Clair, puisque chaque dimanche je vais y célébrer une messe basse, mais il s'en faut de peu.

Le père d'Hébrard est mort subitement dans la nuit du mardi au mercredi. Prévenu immédiatement et invité à faire l'enterrement religieux, j'ai indiqué comment il se célébrerait. Quoique bien peinée, la famille a dû s'incliner. Mais la population, qui tourne contre le lieutenant de M. Busquet une grande part de son ressentiment, me trouva trop conciliant. Les têtes se montèrent et l'on décida de s'opposer même par la force à l'enterrement religieux. L'église fut barricadée pendant la nuit par des inconnus, les cordes de la cloche enlevées et le corbillard brisé. Cela devenait sérieux au point de me préoccuper anxieusement. M. le maire, mis au courant, déclara qu'il aurait raison des turbulents de Saint-Clair et qu'il saurait bien trouver le moyen de maintenir le respect de la liberté religieuse. En effet quatre gendarmes arrivaient dès hier soir, deux pour monter la garde aux environs de l'église et deux autres pour rayonner dans le village et aux alentours de la maison mortuaire.

M. Busquet déployant son autorité et mobilisant les gendarmes pour me protéger dans l'exercice de mes fonctions, ce n'est pas banal !

Ce matin je me suis rendu de bonne heure à Saint-Clair. Tout respirait une odeur de bataille. A peine arrivé, une cinquantaine de personnes m'entourent ; on me presse, on me commande

presque de refuser mon ministère. Les femmes
sont les plus excitées et semblent décidées à tout
pour infliger à l'adjoint le juste châtiment mérité
par son anticléricalisme : « Il ne veut pas de curé,
qu'il s'en passe. » Les gendarmes se promènent
mélancoliquement autour de l'église, comme honteux de leur besogne. La situation semble sans
issue, car je ne puis pénétrer dans l'église barricadée et la foule grossit sans cesse. Je vois le moment où je devrai, pour éviter un scandale autour
d'un cadavre, me contenter de réciter les prières
liturgiques dans la maison mortuaire et accompagner directement le corps au cimetière.

Mais une idée me vient subitement. Hébrard est
catholique, malgré ses accointances avec M. Busquet. Il serait heureux de sortir de cette situation
difficile, même au prix d'un démenti à sa vie politique. On pourrait peut-être le faire revenir sur ses
votes et lui suggérer des engagements.

Laissant la foule et les gendarmes devant l'église,
je me rends chez Jacquier, président du Conseil
paroissial de Saint-Clair pour lui soumettre mon
idée. En quelques instants un écrit est rédigé, portant l'engagement formel de voter, à la première
session du Conseil, la location du presbytère aux
conditions demandées par Monseigneur. En suite je
vais chez Hébrard. « Le seul moyen, lui dis-je, de
prévenir tous les troubles, c'est de signer sans retard
le papier que je vous présente. » Deloncle, son ami
et voisin, s'était déjà rendu à la maison mortuaire
pour prendre part au cortège. Il est invité lui aussi
à signer l'engagement, afin de tirer Hébrard de ce

mauvais pas et de pacifier la population exaspérée. Si l'un et l'autre eussent hésité, la famille les eût obligés à faire ce que je demandais, tellement étaient pressantes les instances de toute l'assistance.

Après leur avoir déclaré que le corps ne passerait pas dans l'église et les avoir rendus responsables de tous les événements qui pourraient se passer, dans le cas où ils refuseraient leur signature, je me suis retiré. Une heure après, un commissionnaire m'apportait chez Jacquier le papier me garantissant que deux conseillers de Saint-Clair se détachaient de M. Busquet.

Aussitôt je me présente à la foule, qui passe sans transition de la colère furieuse à la joie délirante, comme si le tyranneau avait reçu le coup fatal et ne pouvait plus terroriser Saint-Clair.

La cérémonie a pu se dérouler sans incident. Mais cet enterrement sans la sonnerie des cloches montant au ciel comme une prière, sans les chants mélancoliques et doux exhalant la douleur des cœurs brisés par le deuil, sans la lumière des cierges apparaissant au milieu de la tristesse semblable à un rayon d'espérance, comme il est lugubre ! L'assistance est saisie par le silence profond coupé seulement par ma prière lentement murmurée.

La foule, retenue par la curiosité aux abords de l'église ou du cimetière, semble consternée ; elle se met à genoux sur notre passage et dans ses yeux, où naguère brillaient des éclairs de colère, brillent maintenant de furtives larmes, car elle sent la privation de ce culte traditionnel, qui la console dans ses peines et la bénit dans ses joies. Elle souffre avec la famille en deuil.

Cette journée, tant redoutée, finit comme un soir de victoire, sinon dans la joie, du moins dans l'espérance. A partir de ce jour quelque chose est changé dans Saint-Clair.

Puisse Dieu confirmer l'excellente impression répandue dans les cœurs et réaliser nos espérances.

Agréez, etc.

84. — Lettre de M. Busquet
à Monseigneur l'Evêque de Granville
publiée par « l'Eclaireur »

2 juillet 1909.

Monsieur l'Evêque,

Nous vous serions reconnaissant de vouloir bien nous faire connaître les motifs qui vous empêchent de nommer un prêtre à Saint-Clair, en remplacement de M. l'abbé Lartigue, décédé.

Vous vous rappelez, sans doute, que, lors de sa neuvaine, vous avez fait lire en chaire une lettre dans laquelle vous demandiez à la municipalité de faire réparer le presbytère, vous engageant à envoyer un curé dès que les travaux seraient terminés.

Dans le seul but de plaire à la population de Saint-Clair, la municipalité fit exécuter les travaux immédiatement. Les dix pièces dont se compose le presbytère ont été remises à neuf, les plafonds ont été repassés et toutes les tapisseries remplacées.

Votre délégué a dit que tout était pour le mieux.

Nous avons fixé le prix du loyer à 100 francs et sa durée à trois ans. Nos conditions sont favorables au curé, qui ne trouvera pas dans Saint-Clair un local aussi convenable ni aussi bon marché.

Nous affirmons que la valeur locative du presbytère de Saint-Clair est au moins triple de celle du presbytère de Belmon et, puisque vous avez accepté de louer à Belmon pour 50 francs, nous ne comprenons pas que vous refusiez à Saint-Clair pour une somme de 100 francs, d'autant plus que M. Lartigue avait accepté ces conditions.

Si la durée du bail a été fixée à trois ans, c'est pour ne pas engager nos successeurs, qui doivent rester toujours libres de disposer des immeubles municipaux.

Vous estimez bien peu, Monsieur, les services d'un prêtre dans une paroisse, puisque, pour 50 francs seulement, vous refusez de nommer un curé à Saint-Clair.

N'y aurait-il pas de votre part un dessein politique inavouable ? Si vous voulez, nous en recauserons.

Recueillez-vous un instant, Monsieur, et daignez songer aux âmes qui se perdent, peut-être même perdues à tout jamais ! Quelle terrible responsabilité tout de même, Monsieur l'Evêque, pour 50 fr. !

Veuillez agréer, Monsieur, l'expression de mes sentiments respectueux.

BUSQUET,
Maire de Saint-Clair.

85. — Article de la « Croix »

9 juillet 1909.

Réponse à M. Busquet. — Dans une lettre publique adressée à Monseigneur l'Evêque de Granville, M. Busquet exhale sa douleur de voir la paroisse de Saint-Clair privée de curé depuis plusieurs mois. Les âmes se perdent, s'écrie-t-il, peut-être même sont-elles perdues à tout jamais! Et le pauvre homme, dont on connaît le dévouement à la religion, se lamente!

Voyons, monsieur le maire, soyez sérieux au moins un instant. Vous ne voulez pas de culte; dans votre lettre même, vous déclarez avoir fait réparer le presbytère dans le seul but de plaire à la population, et vous vous plaignez de ne pas avoir de curé! C'est une inconséquence qui accuse « de votre part un dessein politique inavouable. »

Passons aux inexactitudes. M. le maire prétend que M. Lartigue avait accepté un loyer de 100 francs.

C'est faux! Ni par écrit, ni de vive voix, M. Lartigue n'a jamais eu à s'engager officiellement, puisqu'il est mort un mois avant que M. Busquet ait proposé la location du presbytère de Saint-Clair.

D'ailleurs, M. le maire, devant la population de Belmon rassemblée sur le perron de l'église, a

donné sa parole d'honneur de louer les presbytères
pour 18 ans et à un prix aussi réduit que possible.
Il ne devrait pas l'oublier.

Qui donc manque à ses engagements? Est-ce
M. Lartigue que la mort aurait délié, ou bien
M. Busquet?

Pour n'accorder qu'un bail de trois ans, M. le
maire prétend ne pas pouvoir engager ses successeurs. Il n'a pas eu pareil scrupule lors de la construction des écoles de Saint-Clair, puisqu'il a con-
tracté une dette engageant l'avenir pour 20 ans.

La vraie raison pour laquelle M. Busquet res-
treint la durée du bail, c'est son désir de pouvoir
à son gré déloger le curé et ainsi gouverner même
à l'église.

Malgré lui et après de longs pourparlers,
M. Busquet a laissé voter un projet de bail de
trois ans et de 100 francs. Ces conditions, quoique
plus modérées, n'ont pas été acceptées par Monseigneur, parce qu'elles sont plus onéreuses que
celles des autres municipalités.

Cette question d'argent est par elle-même insignifiante. Voilà pourquoi on ne comprend pas
bien « le motif inavouable » qui porte M. le maire
à tant insister.

Mais elle devient importante par le sectarisme
dont elle est la preuve, sectarisme qui, se révé-
lant obstinément dans les petites choses, s'affir-
merait dans les grandes avec plus d'intransigeance
encore.

Monseigneur, dédaignant une lettre aussi gros-
sière que celle dont nous entretenons nos lecteurs,

ne répondra probablement pas. Mais, puisque M. Busquet semble désireux de recauser de l'affaire, nous nous tenons à sa disposition.

86. — Article de « l'Eclaireur »
Lettre de M. Busquet

15 juillet 1909.

La question du presbytère. — La Croix ergote un semblant de réponse à la lettre que nous adressions récemment à M. l'Evêque. Aux phrases abracadabrantes autant que mensongères, nous avons vite reconnu la prose de M. le desservant de Belmon.

Il nous serait facile de relever un à un tous vos arguments, monsieur le curé; nous jugeons inutile de revenir sur une question depuis longtemps jugée par ceux que n'aveugle pas le parti-pris clérical.

Nous ne nous sommes jamais laissé guider que par l'intérêt supérieur de la commune, et nous avons conscience de faire pleinement notre devoir en résistant aux exigences de gens qui, au nom de la religion, se croient tous les droits.

Le temps est passé où Curés et Evêques faisaient partout la loi.

M. D... ne le croit pas, et il voudrait tout régenter dans notre commune.

Il s'est jeté depuis longtemps dans les luttes politiques pour s'emparer de la mairie; dans cette affaire encore, la seule politique le guide. Il conseille à M. l'Evêque de ne pas envoyer de curé à Saint-Clair, afin de surexciter les esprits contre les bons républicains, et de favoriser la réaction.

M. de Laval, un noble récemment établi dans la région, s'est mis à la tête du mouvement et espère me supplanter comme maire. Chez le curé comme chez le noble, les intérêts religieux, dont ils parlent tant, ne sont qu'un tremplin.

Les habitants de Saint-Clair ne voudront pas faire le jeu de la réaction, ni travailler pour les représentants du roi.

Nous recauserons aussi de cette réunion publique à laquelle fait allusion M. le curé, et où, plus madré que Judas, qui livra le Christ pour 30 deniers, il le vendit 50 francs.

-Busquet,
Maire de Saint-Clair.

87. — Lettre publique à M. Busquet publiée par « l'Eclaireur »

18 juillet 1909.

Monsieur le maire,

Avec une rare perspicacité, vous voulez voir, une arrière-pensée politique dans l'attitude prise par Monseigneur. Cela prouve le soin jaloux avec lequel vous veillez sur votre écharpe. Vous êtes

un grand naïf, permettez-moi de vous le dire, si,
voyant le piège que l'on vous tend pour vous chasser de la mairie, vous vous y précipitez tête baissée.

C'est le propre des dindons de courir ainsi au
devant du danger.

Mais ce n'est pas votre cas.

Ni Monseigneur, ni moi, vous le savez fort bien,
n'avons une arrière-pensée politique, et vous lan-
cez cette accusation uniquement pour masquer
votre sectarisme.

Puisque nous parlons politique, expliquons-nous
franchement. Depuis trois ans, je vous ai parfois
vivement pris à partie au sujet de plusieurs affaires que vous me dispenserez de rappeler. Pouvez-
vous me citer une parole, un écrit incriminant vos
opinions républicaines?

La religion plane au-dessus des partis; tous les
systèmes politiques sont acceptés par elle, et con-
séquemment on peut se dire républicain, royaliste,
impérialiste, tout en étant un bon catholique. Telle
est la doctrine immuable de l'Eglise.

Voilà pourquoi, laissant de côté le républicain,
je n'ai jamais vu en vous que l'anticlérical, qui, par
ses paroles et par ses actes, nuit autant qu'il le
peut à la religion de mes paroissiens. Ma qualité
de curé me fait un devoir pressant et rigoureux
de défendre ce que vous attaquez. Je n'y ai pas
manqué, monsieur le maire, et, soyez-en certain,
vous me trouverez toujours devant vous pour dé-
noncer vos attentats. C'est mon devoir de prêtre.

Ce devoir, je le remplirais en face d'un maire,
royaliste par exemple, qui prendrait, à l'égard de

la religion, une attitude semblable à la vôtre. Je n'attaquerais pas ses convictions politiques, mais son irréligiosité.

Je défends une noble cause, monsieur le maire. Je ne veux pas la compromettre en me mettant sur le terrain étroit de la politique de parti. Mais maintenant que vous voilà bien renseigné, j'avoue sans peine mon intention d'user de tous les moyens légaux pour vous empêcher de nuire à la religion, et comme je ne vous estime pas capable de vous amender au point de respecter la liberté de conscience de vos administrés, je me vois obligé de travailler à vous enlever l'écharpe. Cette obligation de vous combattre sur le terrain électoral, c'est vous qui me l'imposez en abusant de votre autorité de maire. Les électeurs mettront à votre place qui bon leur semblera, et s'ils choisissent un maire républicain pratiquant les belles devises de liberté, d'égalité et de fraternité, je serai le plus ferme soutien de votre successeur.

Avec l'urbanité qui vous caractérise, vous me traitez de Judas et vous m'accusez d'avoir vendu le Christ, lorsque j'ai rétabli la première messe.

Ce n'est pas trahir son devoir que d'obliger un débiteur de mauvaise foi, serait-il maire et blocard, à payer ses dettes. Je n'ai pas fait autre chose.

J'ai accepté la somme dont vous parlez, parce que la commune me la devait.

En tout cas, si j'ai vendu le Christ à quelqu'un, ce n'est pas à vous, et si vous estimez la cause catholique mal défendue, veuillez me dire ce qui me reste à faire pour mieux vous combattre.

D'ailleurs, un judas suppose toujours des juifs hypocrites et corrompus.

Vous reconnaissez donc avoir voulu jouer à mon égard le rôle de Caïphe et des Princes des Prêtres, qui se couvraient du manteau de la vertu pour faire mourir Jésus.

Vous vous connaissez, monsieur le maire ; vous n'êtes pas flatteur pour vous.

Si mes explications ne vous paraissent ni assez claires ni assez complètes, je me tiens à votre disposition.

L'*Eclaireur*, qui aime tant la lumière, se fera, je n'en doute pas, un plaisir d'ouvrir ses colonnes à votre prose et à la mienne.

En attendant l'occasion de « recauser » avec vous, veuillez agréer, monsieur le maire, mes civilités empressées.

88. — Lettre à M. l'abbé Delmas

24 juillet 1909.

Mon cher ami,

Le bloc de M. Busquet s'effrite de plus en plus. Déjà, tu le sais, Hébrard et Deloncle s'étaient séparés de leur chef de file. A Belmon mes efforts ne restent pas sans résultat, Loupiac et Delbosc sont décidés à suivre l'exemple de l'adjoint.

Mes *Informations*, avaient annoncé qu'à Belmon,

sur l'ordre de Monseigneur, le culte serait exercé à
l'égard des familles dont le chef soutient M. Busquet de ses votes publics, dans les mêmes conditions qu'à Saint-Clair. Loupiac et Delbosc étaient
visés. Le premier va marier sa fille dans quelques
jours et n'entend pas que la cérémonie religieuse
manque de joie et de solennité. Le second a sa
belle-mère gravement malade ; il sait qu'en cas
d'événement fâcheux, j'exécuterai scrupuleusement
les ordres de Monseigneur. L'exemple de Sadoulas
est encore dans toutes les mémoires.

Aussi mes *Informations* ont-elles porté la consternation dans les deux familles. Les deux conseillers étaient sans cesse en butte aux récriminations
des leurs. Chez les Loupiac, la fille et la femme,
soutenues d'ailleurs par le futur gendre qui avait
déclaré que le mariage aurait lieu seulement lorsqu'il se célébrerait avec la solennité habituelle,
étaient si montées qu'elles ont refusé de faire le lit
et la soupe à leur blocard entêté. Celui-ci avait des
avanies même en dehors de chez lui. Ayant em-
bourbé son chariot pesamment chargé, il alla solliciter le secours de son voisin Landou. « Va trouver
Busquet, lui fut-il répondu ; il te prêtera le cheval
acheté avec les 600 francs que lui a valu la vache
morte ». Et Loupiac bougonnaant contre sa femme,
sa fille, les voisins, se vit obligé de décharger tout
seul son chariot pour le tirer du bourbier.

Dimanche, il succombait enfin devant la coalition.
Aussitôt sa femme vint me prévenir et demander
comment on pourrait s'arranger pour obtenir le
mariage solennel.

« Tant que le presbytère de Saint-Clair n'est pas loué, rien ne peut s'arranger, répondis-je. »

« — Mais mon mari ne peut cependant pas louer tout seul. Ce n'est pas son affaire. »

« — C'est vrai, il ne peut louer; mais il peut obliger M. Busquet à louer. Il lui suffit de ne plus le soutenir de ses votes et de se joindre aux opposants. »

« — Que doit-il faire? Il le fera, je vous le promets. »

« — Il faut, répondis-je, qu'il s'engage, comme l'adjoint Hébrard, à se séparer de M. Busquet. Ensuite, pour régler rapidement l'affaire il faut que de concert avec les autres, il signe une demande de convocation du Conseil municipal. »

« — Il signera, réplique mon interlocutrice. »

« — Ce n'est pas tout. Pour obliger M. Busquet à convoquer le Conseil municipal et à louer le presbytère, il faut trouver sept conseillers décidés à signer cette demande. En comptant les trois opposants, l'adjoint Hébrard, Deloncle et votre mari, nous n'arrivons qu'à six. Il faudrait déterminer Delbosc à donner sa signature. »

« — Je m'en charge. Delbosc fera tout ce que voudront son beau-père et sa belle-mère, qui eux aussi sont fatigués de M. Busquet. Faites-moi passer le papier, je le ferai signer quand vous voudrez par Delbosc et par mon mari. Mais l'affaire sera-t-elle vite réglée? »

« — Dans trois semaines, un mois au plus. »

« — C'est bien long. Au moins ne perdez pas de temps, monsieur le curé. »

La lettre à M. Busquet a été signée par sept conseillers municipaux et envoyée. Si l'union persiste, nous obligerons M. le maire sinon à démissionner, du moins à capituler. Se soumettre ou se démettre; quelle dure alternative, pour celui qui jadis terrorisait tout le pays!

Ce résultat est dû sans doute à l'indignation montrée par la population de Saint-Clair, le jour de l'enterrement du père d'Hébrard, obligeant celui-ci et un de ses amis à prendre l'engagement écrit de se séparer de M. Busquet. Mais il est dû surtout à mes feuilles et à *la Croix*, qui ont suscité cette légitime indignation en montrant à tous l'arrogant sectarisme de leur maire, ainsi que le mal fondé de ses prétentions.

C'est la presse qui fait l'opinion et comme l'opinion est souveraine, nous gagnerons notre cause à Saint-Clair, car nous avons déjà l'opinion avec nous.

M. Busquet restera maire, mais il ne pourra plus compter sur l'ignorance de ses administrés ni sur l'aveugle approbation de son Conseil; il ne sera plus le tyranneau de jadis.

Qui sait si le hautain et farouche Busquet ne s'humanisera pas au point, non seulement de ne plus provoquer des conflits religieux, mais même de les éviter par une prévenante complaisance! La crainte de l'électeur est le commencement de la sagesse. Ce commencement de la sagesse, M. Busquet l'a déjà montré à Belmon en m'accordant, avec mauvaise grâce je le concède, tout ce que j'ai demandé. Sans doute la vraie sagesse, celle qui réside dans la tête et dans le cœur puisant leurs inspirations dans la Vérité, vaudrait mieux, mais quand on est, comme les martyrs des premiers siècles, *damnatus ad bestias*, on trouve que c'est quelque chose d'imposer à ses bourreaux, la crainte commencement de la sagesse. Tant de curés s'en contenteraient aujourd'hui!

Lorsque j'ai entrepris de démasquer mon adversaire, j'ai été troublé par une grave préoccupation. Je craignais d'occasionner le succès de la mauvaise presse en alimentant ses colonnes. Grâce aux encouragements de M. Lartigue, j'ai persévéré, avec une ténacité que rien n'a rebuté. Plusieurs fois *l'Eclaireur* m'a pris à partie. Chaque fois il a reçu ma réponse. J'ai même profité de certains entrefilets, que j'aurais pu sans inconvénient laisser passer, pour me faire une tribune du mauvais journal et porter la vérité à ses lecteurs égarés. Ce jeu a fini, par déplaire à *l'Eclaireur*, qui, pour ne pas avoir à insérer ma prose a cessé de m'attaquer.

Les habitants de Saint-Clair et de Belmon n'ont pas acheté ce journal, parce qu'ils ont trouvé toute la polémique reproduite dans *la Croix* ou dans mes feuilles. Le bon journal, par contre, mieux informé des événements locaux et plus intéressant pour eux, a vu sans cesse s'augmenter le nombre de ses lecteurs. Saint-Clair atteint 45 abonnés.

Tous les dimanches M. Busquet voit venir une avalanche de journaux portant jusqu'au dernier foyer les méfaits de son administration. Les *Informations*, tirées à 100 exemplaires, complètent les renseignements. Voilà pourquoi devant cet homme, auquel il y a deux ans personne n'aurait osé toucher, se dresse maintenant une population indignée du pillage des fonds communaux et révoltée de son sectarisme.

Cordialement à toi.

89. — Lettre au frère Clément

12 août 1909.

MON CHER CLÉMENT,

Deo gratias. Nous remportons enfin la victoire.

M. Busquet, obligé de convoquer le Conseil en session extraordinaire pour discuter à nouveau la location du presbytère, a fini par capituler. Nous obtenons tout ce que nous demandions et même davantage.

Devant une salle archibondée, s'est tenue hier soir la séance municipale si impatiemment attendue. La discussion a été brève, si on peut appeler discussion un rapide échange de vues qui n'a pas pris plus de quatre minutes.

M. le maire, après avoir recommandé le calme, tente de faire l'éloge de son administration : « Je demandais 100 francs du presbytère, parce que je voulais défendre les intérêts de la commune. Mais puisque la population réclame un loyer inférieur, je ne m'y oppose pas. Au contraire, pour montrer à tous mon libéralisme, je vous propose un bail de 20 francs et de neuf ans.

Les conseillers se regardent interloqués. On leur a changé leur Busquet, ou bien ils ont mal compris. Les assistants partagent cet ahurissement.

« C'est un tour que vous nous jouez, s'écrie De-liles, car ce que vous proposez en séance du Conseil, vous le ferez rejeter par M. le préfet. »

« Je vous donne ma parole d'honneur que j'userai de toute mon influence pour faire approuver notre délibération. »

« Vous avez si souvent donné votre parole d'honneur, répond Barly, que nous ne pouvons plus croire en vous. »

« Vous verrez », réplique M. Busquet, et pour s'éviter des désagréments humiliants, il met aux voix sa proposition qui est acceptée à l'unanimité.

« Mais, ajoute M. de Lucey, si le presbytère de Saint-Clair est loué à ces conditions, nous ne pouvons moins faire pour M. le curé de Belmon. »

« Eh bien ! dit M. Busquet, le presbytère de Belmon sera loué pour 10 francs et pour neuf ans. Cela vous va-t-il ? » Même unanimité dans le vote.

Je puis bien dire, mon cher Clément, que nous remportons la victoire puisque nous obligeons M. Busquet à se soumettre.

Si M. le préfet ne met pas des entraves, et j'ai tout lieu de croire qu'il ne le fera pas pour ne pas nuire à son protégé, Monseigneur pourra bientôt envoyer un curé à Saint-Clair. Son arrivée mettra fin aux troubles et aux divisions dont notre commune est le théâtre et surtout me permettra de prendre un peu de repos. Je crois l'avoir mérité; en tout cas, physiquement et moralement je suis à bout de forces.

Recevez...

90. — Article de la « Croix »

1er octobre 1909.

Elections annulées. — Pour garder son écharpe, M. Busquet a capitulé devant ses administrés et devant son Conseil en louant le presbytère à des conditions qu'il avait obstinément rejetées pendant dix mois.

A peine le nouveau curé est-il installé que le Conseil d'Etat casse les élections de Saint-Clair et de Belmon et enlève à M. Busquet cette écharpe qui lui tient tant à cœur.

Il déclare les opérations électorales des deux sections, viciées par la pression et la fraude et inflige ainsi au tyranneau de Saint-Clair une flétrissure officielle.

MM. Deliles et Barly, victimes de cette pression et de cette fraude sont maintenus en fonction. En attendant le résultat de la prochaine consultation électorale, ils sont chargés de l'administration de la commune.

Pour laisser croire que ses fonctions de maire lui sont conservées, M. Busquet fait comme si l'arrêté le destituant n'existait pas et s'abstient, malgré la loi, « de remettre le service au conseiller premier inscrit. » Si cet état de choses subsistait encore au moment où paraîtront ces lignes, M. le préfet, gardien de la légalité, ne manquerait

pas de rappeler à l'ex-maire que les actes officiels
accomplis par lui sont nuls et même, sur la plainte
d'un administré, l'exposent à de graves pénalités.

Malgré sa destitution, M. Busquet présidait dimanche dernier le banquet donné à l'occasion de
la fête locale. Il a cru devoir pérorer,

Après avoir remercié les nombreux étrangers,
venus pour combler les rangs de ses amis de
Belmon restés chez eux, l'orateur en une magni-
que envolée interpelle ses auditeurs. Le torse
cambré, le regard conquérant et le verre à la main,
il s'écrie : « Mes amis, voulez-vous la lutte? »

M. Busquet s'attend à des acclamations enthou-
siastes et générales. Ses fidèles sont là, chauffés
par le banquet et par son éloquence. Ils vont tous
répondre d'un même élan : La lutte, nous voulons
la lutte jusqu'au dernier soupir.

Hélas! rien ne vibre... C'est un silence glacial...
que souligne malignement quelques sourires discrets. Semblable au terre-neuve s'élançant au secours du malheureux qui se noie, un membre de
la famille Busquet se lève : « La lutte, nous voulons la lutte », mugit-il de toutes ses forces.

« Puisque vous voulez la lutte, reprend l'orateur,
comptez sur moi. Je la soutiendrai jusqu'au bout. »
Ainsi pressé par la voix populaire, M. Busquet va
se sacrifier.

C'est beau le dévouement !...

91. — Article de « La Croix »

30 octobre 1909

L'agonie d'un tyranneau

Dans la petite salle d'école de Belmon, pouvant tout au plus contenir une vingtaine d'enfants, soixante hommes se pressent à s'étouffer. A droite et à gauche, le mobilier de l'école servant de tréteaux pour la circonstance, est escaladé par les plus alertes. Au milieu, semblables à des juges et serrés au point de ne pouvoir bouger, siègent, devant l'urne, les cinq membres du bureau. M. Busquet est assis devant le président. Blême de frayeur, les membres nerveusement agités et le regard livide, il attend fébrilement la sentence qui va décider de son sort.

Au dehors, les musiciens du bal, déserté même par la jeunesse, sont obligés de se taire. Ceux qui ne peuvent pénétrer dans la salle escaladent les fenêtres en masses si compactes qu'ils interceptent la lumière du jour. Les femmes elles-mêmes, cédant à la curiosité et parlant beaucoup, rôdent autour, dans l'attente des événements. Devant la porte d'entrée, deux gendarmes font mélancoliquement les cents pas, prêts, disent les naïfs, à faire respecter la loi.

A 4 heures précises, M. Deliles procède au dépouillement. Il trouve dans l'urne 105 bulletins correspondant à 105 émargements.

Lentement et consciencieusement la lecture se fait, contrôlée par les deux partis en présence. L'écart des voix est insignifiant, et à mesure que les bulletins s'épuisent, les poitrines deviennent haletantes. On sent que la partie se joue sur le nom de M. Busquet. Ses collègues semblent être désintéressés comme d'ailleurs on se désintéresse d'eux. Seul, le chef de file lutte âprement pour la vie et pour l'honneur. Seul, il trouble le silence de ses réclamations tapageuses autant qu'injustifiées. Le président le contient doucement, mais fermement.

Enfin, le dépouillement est fini. Cinq bulletins, dont quatre de la liste blocarde, ont été réservés comme douteux. Il faut se prononcer sur leur valeur. M. Deliles veut impartialement les annuler tous, puisqu'ils sont marqués. M. Busquet, qui réclame pour les bulletins de ses adversaires une blancheur immaculée, demande qu'on lui attribue les siens malgré leur souillure apparente.

Il remplit la salle d'éclats de voix qu'il voudrait rendre terrifiants, et parle de fraudes commises à son préjudice.

Une telle prétention soulève l'indignation de l'assemblée. De toutes parts s'élèvent de véhémentes protestations entremêlées de violentes invectives.

M. Busquet s'efforce de tenir tête à l'orage imprudemment déchaîné : « Je ne suis pas un escamoteur, dit-il à l'un ; je n'ai pas fraudé, répond-t-il à l'autre ; tandis qu'un troisième se voit traité de menteur. »

A la grande hilarité de tous, un solide gaillard se plante subitement devant lui, et gouailleur : « Te souviens-tu, s'écrie-t-il, d'une gifle que j'ai administrée à un président de bureau avec lequel tu n'es pas brouillé? »

Pendant un long moment, c'est une véritable tempête d'interpellations, de ripostes, d'accusations les plus diverses devant lesquelles l'ex-maire, qui ne reconnaît plus ses timides administrés d'autrefois, finit par succomber malgré son audace. La conscience publique prend sa revanche.

Après de grands efforts, le président obtient un calme relatif lui permettant, d'accord avec le bureau, de déclarer nuls les cinq bulletins contestés. M. Busquet s'aperçoit que trois libéraux sont élus, et que lui-même n'a qu'une voix de plus que le quatrième candidat antiblocard. Pour empêcher la proclamation de ses adversaires, il veut réviser les bulletins attribués et déjà replacés dans l'urne, espérant qu'un second examen lui permettra de faire passer quelques-uns de ses amis. M. Deliles s'y oppose : « C'est une chicane, lui dit-il ! Vous n'aviez qu'à bien regarder lorsque c'était le moment. » Toute l'assemblée soutient le président, et les altercations recommencent.

M. Busquet, qui se croit tout permis, tente de mettre la main sur l'urne pour l'attirer à lui et l'ouvrir. Son fils, membre du bureau l'aide. Mais M. Deliles les repousse tous deux.

A ce moment, une poussée formidable, partie des rangs postés sur les tables scolaires, ballotte comme un fétu de paille M. Busquet, son fils et les

autres membres du bureau, se faisant sentir jusqu'à l'extrémité opposée de la salle. Heureusement
la foule est si dense que nul ne peut tomber à
terre, d'où il ne se serait certainement pas relevé
indemne.

Une bagarre éclate, provoquée par M. Busquet,
qui, de vive force, veut toujours s'emparer de
l'urne, fortement retenue par M. Deliles. Les cha-
peaux, les parapluies, les bulletins, les listes
d'émargement volent en l'air. Les coups pleuvent
de toutes parts, cependant que retentissent des
cris divers.

Par les fenêtres, les plus agiles s'échappent ; les
femmes effrayées s'enfuient dans toutes les directions ; tandis que les gendarmes impassibles con-
templent cette scène en spectateurs amusés.

De graves accidents auraient pu se produire, et
il faut se féliciter que les blessures soient sans
gravité. Personne ne se plaint, pas même M. Busquet.

Au milieu de cette indescriptible cohue, l'urne
disparaît subitement. Semblable à un troisième
larron, un jeune homme l'arrache aux mains de
M. Deliles et de M. Busquet, qui se la disputent,
et la fait passer en un coin de la salle où des électeurs résolus la protègent.

Pour rétablir l'ordre, M. Deliles appelle les gendarmes. De vive voix d'abord, par écrit ensuite, il
les requiert de faire leur devoir. Refus catégorique de leur part.

M. Busquet a l'impudence de rire aux éclats et
de battre des mains, triomphant cyniquement de

ce mépris de la loi affiché par ceux qui doivent la faire respecter.

Cela montre le cas que ses adversaires doivent en faire à leur tour. L'ex-maire aurait grand tort de se plaindre des *illégalités (?)* commises contre lui, puisqu'il approuve celles qui sont commises en sa faveur contre les autres. M. le capitaine de gendarmerie et M. le préfet donneront à l'attitude des gendarmes les sanctions qu'ils jugeront convenables.

Avant de rédiger le procès-verbal, M. Deliles demande aux assesseurs quelles observations ils ont à formuler. Ils déclarent que les opérations sont régulières. Un vieillard, que M. Busquet est allé chercher à Saint-Urcisse pour l'installer au bureau, répond à son tour :

— Je n'ai rien à dire.

— Il faut protester, lui dit M. Busquet.

— Contre quoi ?

— Contre l'élection.

— Pourquoi ?

— Tu le sauras plus tard.

— Eh bien ! puisque vous le voulez, je proteste.

— Mais, intervient M. Deliles, qu'avez-vous à reprocher à l'élection ?

— Je n'en sais rien, répond le vieillard.

Un immense éclat de rire souligne ce suggestif colloque. On s'attaque à M. Busquet, l'instigateur de tout le désordre et le bruit recommence.

On tente, mais vainement, de rédiger le procès-verbal. Les poussées incessantes, jointes au vacarme assourdissant, rendent tous les efforts inutiles.

Pour en finir, M. Deliles proclame les résultats. Sont élus : MM. de Lucey, 55 voix ; Caminat, 53 ; Landou, 51, et Busquet, 51.

Lombard, le quatrième candidat de l'opposition arrive à 50 voix, tandis que les trois autres blocards restent à 43.

A ce moment, un messager arrive de Saint-Clair annonçant le succès de la liste catholique avec une moyenne de 10 voix de majorité. Des applaudissements frénétiques éclatent de toutes parts, pour célébrer l'affranchissement de la commune.

La sentence prononcée par le suffrage universel est dure autant qu'humiliante pour l'ex-maire. Imitant les Romains qui conservaient la vie aux chefs ennemis pour les faire servir à leur triomphe et les accabler de leurs sarcasmes, les électeurs de Belmon ont conservé à M. Busquet le siège de conseiller, pour lui imposer l'affront d'assister impuissant au triomphe de ses adversaires et l'obliger à recevoir leurs critiques et leurs reproches.

M. Busquet veut remercier les habitants de Belmon. « Ce n'est pas nous qui t'avons élu, crie-t-on. Remercie les étrangers. » En effet, si des 51 voix obtenues par lui, on retranche celles des 15 étrangers venus de Granville, de Saint-Urcisse, de Belmon, des Genets, on voit que Belmon ne lui a donné que 36 suffrages.

A ce moment les musiciens attaquent une valse entraînante et la danse recommence, sans souci de l'infortuné qui fut le tyran du pays, et qui, maintenant dépouillé de tout pouvoir, n'est plus qu'une épave politique.

92. — Article de « La Croix »

29 octobre 1909.

La fin d'un tyranneau

Battu aux élections, puisque sur douze conseillers onze sont des adversaires irréductibles de sa politique, M. Busquet, dont on connaît le dévouement à ses « chers administrés », ne se décourage pas.

Ni les électeurs, ni les conseillers récemment élus ne le voulant pour maire, il s'adressera plus haut, afin de conserver l'écharpe.

« Il y perdra son nom... ou il sera maire », dit-il à ses partisans découragés.

Notre illustre personnage a son idée qu'il ne confie à personne, pas même à sa femme, pas même à son *alter ego* le chantre Cantarel.

Le moment venu de mettre son projet à exécution, M. Busquet s'enferme dans son cabinet prend une feuille de papier ministre, immaculée comme sa conscience, et de sa plus belle plume écrit la lettre suivante, dont nous garantissons le sens sinon le texte :

« Monsieur le président de la République,

« Je suis Busquet de Saint-Clair, qui a tant souffert des curés et qui aime tant la République dont vous êtes le chef.

« Les manœuvres déloyales de la réaction cléricale ont abouti à faire casser par le Conseil d'Etat les élections municipales de mai 1908. C'est une injustice, puisque je suis un ferme républicain. Aux élections complémentaires qui ont eu lieu tout récemment, 11 réactionnaires, dont un infâme noble, sont passés. Seul de ma liste je suis élu. C'est une honte pour la République.

« Je vous dénonce M. le préfet, qui n'a pas soutenu le parti comme il devait le faire et même qui l'a trahi, car il aurait pu me permettre de présider les élections et il ne l'a pas fait. Je l'accuse de s'entendre avec la réaction contre les meilleurs serviteurs du gouvernement.

« Son déplacement s'impose au plus tôt. Il faut même le casser aux gages, faire annuler les élections, me nommer maire, et je vous réponds qu'à Saint-Clair la République régnera.

« Croyez à mon dévouement à vous ainsi qu'à vos successeurs. »

Content de sa prose, qu'il a relu plusieurs fois pour en admirer les beautés, M. Busquet cachette la lettre et la jette à la poste.

Quinze jours après, il se présente à la préfecture pour demander à ses amis, qui vont juger son appel contre les opérations électorales, de se prononcer en sa faveur. L'accueil est froid ; les réponses évasives. Des sourires moqueurs se montrent même sur les lèvres. Cela ne va pas.

Comme il déambule dans un large corridor, un huissier le prévient que M. le préfet désire lui parler.

Avec l'empressement du courtisan, M. Busquet

accourt. Il a aussitôt l'explication de cette froideur glaciale rencontrée partout.

« — Merci de vos compliments, lui dit brusquement M. le préfet interrompant le flot de ses salamalecs ; c'est vous qui avez écrit cela. »

A sa grande stupéfaction, l'ancien maire reconnaît sa lettre à M. le président de la République.

« — Non... je vous jure... ce n'est pas moi... C'est... c'est probablement un de mes ennemis qui... je ne sais pas... »

« — Cependant votre signature est au bas. »

« — Cela ne fait rien M. le préfet... ce n'est pas moi, car je tiens à vous... vous êtes venu dîner chez moi... vous le savez... »

« — Vous voulez donc me faire casser aux gages, comme vous dites... Eh bien sachez, monsieur, que la République n'a pas besoin pour se soutenir d'hommes comme vous... Veuillez passer à la porte... et ne plus reparaître. »

A l'huissier qui se présente, M. le préfet dit à haute voix de manière à être entendu des personnes attendant audience : « Veuillez conduire monsieur Busquet... jusqu'à la rue. »

On ne se vante pas de ces honneurs extraordinaires et l'ancien maire gardera un silence profond sur l'incident qui couronne sa carrière politique. *Quos vult perdere Jupiter dementat.*

Chassée de la mairie, chassée de la préfecture, où se réfugiera cette grandeur déchue ? Puisqu'il ne rencontre partout qu'humiliations et rebuffades, M. Busquet fera bien de se réfugier... dans les bras de son curé.

CHAPITRE IX

Conclusion

93. — Lettre à un Séminariste.

3 novembre 1907.

Mon cher Louis,

Du fond de ta cellule, tu suis mes luttes à Belmon. L'imagination de tes vingt ans te les montre un peu plus grandes que nature, et ton cœur généreux en désire de semblables. Tu me demandes comment t'y préparer. Va poser la question à tes maîtres ; ils ont science et grâce pour te répondre. Mais comme tu fais appel à mon amitié plutôt qu'à mon expérience, je m'exécute.

Je ne rêvais ni combats ni lauriers, moi qui fus séminariste quand pointait cette tendre aurore, qu'aucun jour ne suivit, où semblait souffler l'esprit nouveau de M. Spuller. Au lieu de couler mes jours entouré de doctes livres, sous la treille féconde d'un presbytère coquet, préoccupé seule-

ment d'appeler les plus douces bénédictions sur
mes paroissiens, il m'a fallu, sous peine de faillir
à mon devoir, camper comme un soldat en plein
champ de bataille, défendant mon Dieu avec l'arme
de la presse et de la parole. Ils ne sont plus les
temps heureux, où le clergé, payé par l'Etat pour
la protection et la propagation de la morale des
honnêtes gens, était enregimenté comme une sorte
de pacifique maréchaussée. Le nombre des prêtres
obligés de prendre une part active aux combats du
Christ est déjà grand ; il ira s'augmentant chaque
jour, car chaque jour l'impiété accentue davantage
l'offensive.

Tu veux être un bon soldat !... Arme-toi d'abord
d'une solide piété. La piété, c'est le sentiment
qui nous porte à considérer Dieu comme notre
Père. Il naît d'une connaissance claire de cette réalité dont Jésus-Christ est à la fois l'auteur et le
révélateur : notre adoption par Dieu, notre divini-
sation. Ce sentiment filial, agissant pratiquement
sur ta conduite, pour la rendre digne du Père
adoptif, n'est-ce pas la solide piété qu'on te prêche
au séminaire ?

La piété est à la fois un don et une vertu. On
la reçoit du ciel et on l'acquiert par l'effort personnel prévenu, aidé, couronné par la grâce.

Si tu as bien compris comme il est juste, comme
il est doux, comme il est salutaire de se sentir et
d'être pour Dieu un vrai fils, tu prieras pour obtenir ce don et tu t'efforceras d'acquérir cette vertu.

Prier, c'est vite dit ; c'est clair et ne demande

pas d'explication. Ton travail au contraire a besoin d'être dirigé.

Pour devenir vraiment pieux, il ne suffit pas d'avoir compris notre filiation divine... une fois. Il faut que cette pensée soit passée en habitude et devenue comme une forme de ton esprit. Il faut qu'elle ne soit pas une vaine formule, mais une réalité vivante, qui transforme ta conception du monde et ta vie toute entière. C'est par les idées qu'on se gouverne. D'elles naissent les sentiments qui déclanchent ou fixent la volonté. Les idées, mères des émotions, se traduisent d'elles-mêmes en acte.

A ton âge, la mentalité n'est pas encore faite. Acquiers donc, par une étude approfondie et une incessante méditation du dogme catholique, des habitudes de penser et d'agir conformes à la réalité que tu crois. Si tu laisses modeler ton intelligence par la conception positiviste ou matérialiste acceptée par les esprits contemporains, les pensées de la foi resteront comme plaquées en dehors de ton âme et prendront à tes yeux un caractère d'irréalité qui te rendra le ministère pénible et infécond. Nourris ton esprit de l'idée chrétienne de la filiation divine, d'une manière si intense que toutes tes pensées, tous tes jugements, en un mot toute ta vie intellectuelle en soient illuminés.

Il y a des intelligences aux idées claires et profondes, des sensibilités exquises dont la vie demeure stérile parce que la volonté manque de ressort. Elles sont malheureuses ces âmes pieuses, dont la conduite est la négation de leur foi. Oh ! les

abouliques ! compte-les autour de toi, si tu le peux !
Parfois c'est le corps malade qui est en faute ; souvent c'est l'âme qui est paresseuse. Il faut se donner de la volonté ; pas d'efforts épuisants ; mais à chaque action, un petit effort. Ne te pardonnes pas d'avoir négligé ou retardé les petites choses que tu avais décidées. Punis-toi de ton aboulie, nos pères auraient dit de ta lâcheté.

Vivre en fils de Dieu, dans l'intimité de Celui qui est mort, c'est vrai, il y a dix-neuf siècles, mais qui vit, pensant à chacun de nous dans son tabernacle et dans son ciel... c'est toute la piété.

Pas besoin de tordre le cou, de se donner des airs alanguis, ou de revêtir ses genoux, dans des prières prolongées, de callosités assez dures pour faire concurrence à un méhari. La vraie piété s'accorde très bien avec la gaieté la plus franche. Un mot de converti ; c'était un prêtre anglais ou plutôt gallois, fils de pasteur puritain, mais qui, tu vas le voir, n'avait rien gardé de la morosité puritaine et avait retrouvé toute la jovialité de l'âme galloise : « Vous autres, Français, disait-il, vous êtes de curieux personnages ; en conversation, gais comme des pinsons, et quand vous prêchez, tristes comme des croque-morts. La religion catholique n'est pourtant pas triste du tout. » Que ta piété ne soit pas triste car tu serais un triste saint.

Qu'elle n'arrête pas sur tes lèvres une fusée de rire, ni même une galéjade. Un des saints les plus mystiques, Philippe de Néri, n'a jamais perdu l'occasion d'épancher sa gaieté, pas plus du reste qu'il n'a négligé d'adapter son apostolat aux besoins du peuple qu'il voulait sauver. A la foule romaine, avide de musique et de spectacle, il servait au carnaval les *oratorio de la Chiesa nuova.*

Cette adaptation de l'apostolat aux nécessités locales et temporelles, m'amène au second point de mon homélie déjà trop longue.

Prêtre, tu dois enseigner ; deviens donc un savant. Dogme, morale, philosophie, sans négliger l'histoire et même la liturgie, étudie tout.

Si tu veux agir sur les autres, même sur nos paysans, acquiers des notions claires et exactes. Ne te contente pas de connaissances vagues.

Et l'apprentissage théorique du ministère, la pastorale, comme on dit, qui prépare le séminariste au rôle de curé ? J'avoue que, par ma faute, sans doute, j'avais fait une piètre théologie pastorale, ou plutôt que ma pastorale était incomplète et voici en quel sens : La plupart des prêtres de notre diocèse sont destinés à passer leur vie dans des paroisses rurales. Or, lorsque je suis arrivé à Belmon, je savais peu de chose de la campagne, juste ce qu'on peut en savoir quand on l'a quittée à 11 ans. Certain vicaire confondait, dit-on, les oies et les bœufs et ne savait pas distinguer le blé des pommes de terre. J'étais plus avancé, mais trop ignorant des défauts comme des besoins du milieu où j'étais placé.

A peine nommé curé, je me suis mis à l'œuvre. Il a fallu d'abord comprendre l'âme de mes paroissiens.

Chaque corps de métier, chaque classe sociale a sa manière de penser et d'apprécier. Il faut la pénétrer. Souvent des hommes de cœur se heurtent, malgré leur droiture, parce qu'ils ne parlent pas le même langage et, tout en échangeant des paroles pour se communiquer leurs pensées, ils ne se comprennent pas. Etudier la mentalité propre du milieu où il vit, telle est la tâche première du prêtre. Qu'il exerce son ministère parmi les bourgeois, les ouvriers ou les paysans, pour parvenir jusqu'à leur âme, il doit d'abord sentir leurs besoins et connaître leurs aspirations. Alors seulement il peut améliorer ce qui est bon, élaguer ou combattre ce qui est mauvais, car il comprend les siens et les siens le comprennent.

Voilà pourquoi je me suis fait paysan ; si c'est déchoir, le Verbe a fait bien pire, puisqu'il s'est fait homme pour attirer à lui l'humanité. J'ai cherché à me faire une âme campagnarde et je ne crois avoir rien perdu de ma dignité.

J'y suis parvenu assez facilement. Le mauvais temps, qui détruit les récoltes, m'afflige comme si je subissais la perte. La mévente du blé, la difficulté d'écouler le vin, tout ce qui traverse la vie du paysan, me fait de la peine autant que si j'étais personnellement intéressé. Ce sentiment ne se contrefait pas ; quand le prêtre le possède, il peut parler, sûr d'être compris. On sait qu'il souffre de la souffrance de tous ; qu'il approuve les légitimes aspirations et ne combat que les mauvaises passions. On accepte facilement qu'il blâme ferme et tonne contre le mal, parce qu'on connaît la droiture de ses intentions et la grandeur de son dévouement.

Tu me diras : « La connaissance de l'âme du paysan, de l'ouvrier, du bourgeois s'acquiert seulement par l'expérience ; je ne puis l'acquérir au séminaire ; je ferai comme vous quand je serai curé. » Tu feras mieux, parce que dès maintenant tu peux faire quelque chose. Il y a des livres qui te mettront un peu au courant des questions vitales des milieux où tu dois vivre. Tu peux pendant les vacances les consulter, surtout ouvrir les yeux et les oreilles. Pendant l'année même, tu peux donner une petite part de tes loisirs à l'étude de l'agriculture par exemple. Certains évêques belges et allemands ont inscrit les questions agricoles au programme des études ecclésiastiques à côté, mais au-dessous évidemment de la liturgie et du droit-canon.

Autre coin du champ de la théologie pastorale que je n'avais pas défriché : les œuvres sociales, les syndicats, les mutualités m'apparaissaient comme des armes de guerre aux mains des révolutionnaires. Leurs dangers ne permettaient pas à un prêtre de s'en occuper et si théoriquement on ne pouvait blâmer ceux qui favorisaient ces groupements, pratiquement on devait les traiter comme des aventureux, d'autres disaient : comme des ambitieux.

De la presse, je connaissais seulement le mal qu'elle fait.

Quelques mois de séjour à Belmon, ont suffi pour me révéler les deux causes profondes des ravages opérés dans ma population : l'erreur et l'intérêt.

A l'atmosphère de mensonges qui empoisonne la France, s'ajoutait, dans ma paroisse, la perfidie de M. Busquet qui, même sur les questions locales les plus claires, parvenait à égarer les esprits. En outre, âpres au gain, parce que l'argent leur est dur à gagner, et timides devant les puissants, parce que seuls ils se sentent incapables de se défendre, nos campagnards subissaient docilement le joug de celui qui distribuait les faveurs et les tracasseries.

Il fallait les éclairer et les affranchir.

Pour les éclairer je me suis fait prédicateur assidu d'abord, ensuite conférencier et journaliste.

Pour les affranchir, je me suis rendu plus utile que mon adversaire. Peu à peu je suis devenu leur fournisseur par le syndicat, leur médecin par mes remèdes, leur avocat par mes conseils juridiques, en attendant de devenir leur banquier par la caisse rurale.

Au début, lorsque j'étais consulté, j'avouais mon incompétence. C'était une maladresse qui aurait pu me déconsidérer.

Je me suis mis à étudier pour avoir les notions les plus élémentaires. Les mêmes cas se renouvelant de temps en temps, j'ai vite acquis l'expérience nécessaire ; je puis causer médecine ou droit, sans dire trop de sottises. Je donne quelques conseils discrets. Lorsque l'affaire est grave et ma science insuffisante, je réponds que je réfléchirai. Pendant le temps de répit, je consulte les livres. S'il le faut même, j'enfourche ma bicyclette et vais consulter un homme du métier. *Doctus cum libris*, diras-tu, mais *doctus* tout de même

aux yeux des paysans et utile par-dessus le marché.

Je ne te dirai pas, mon cher Louis, de te livrer
déjà à toutes ces études. Les matières inscrites
au programme réclament à peu près tout le temps
dont tu disposes. Mais il te reste les vacances ;
profites-en et ne crains pas de mettre à profit ma
petite bibliothèque.

La piété et la science aident à triompher des difficultés, mais ne les suppriment pas. Dans cette
lutte incessante, soutenue pour la vérité, la vertu,
la justice, le prêtre rencontre des écueils contre
lesquels vont se briser les âmes mal trempées. Tu
ne les soupçonnes pas. En t'avertissant pour te
prémunir, je souhaite que tu ne les connaisses jamais.

Le premier, c'est l'isolement. Un curé, envoyé
dans une paroisse de 300 âmes ou même moins,
se trouve condamné à une solitude aussi pénible à
porter que celle du religieux trappiste. Sa servante
ou sa mère, lorsqu'il a le bonheur de la posséder,
lui est une société insuffisante. D'autre part, les
fonctions du ministère lui prennent une minime
partie de son temps. Que faire pendant les longues
soirées de l'hiver ou les interminables journées de
l'été ?

L'ennui s'empare de son âme, la ronge comme
la rouille ronge le fer et la déprime parfois au
point de la livrer sans force aux tentations qui la
guettent.

A cet isolement, d'autant plus dangereux que sa
nature est plus ardente, le prêtre remédie par le

travail. Ses fonctions une fois remplies, qu'il porte son activité du côté où ses goûts l'entraînent, vers l'étude, vers les œuvres paroissiales, vers les travaux rustiques de jardinier ou de tourneur. Mais il doit toujours se créer des occupations qui lui prennent à la fois son esprit, son cœur et son temps. En échange de cet effort de volonté, pénible au début, il finit par trouver une sauvegarde assurée en même temps qu'une jouissance toujours plus captivante.

Pour faire du bien autour de soi, il suffit, te semble-t-il, de ne ménager ni son temps ni sa peine. Que de désillusions tu éprouveras, mon cher Louis! L'indifférence des uns, le mauvais vouloir des autres, les contre-temps de toute sorte paralyseront tes efforts, lorsque l'ingratitude ou la calomnie, j'en sais quelque chose, ne viendront pas dénaturer tes intentions les plus droites et les plus généreuses. Au contact des réalités de la vie, tes beaux rêves s'envoleront, te laissant meurtri et découragé.

Etre découragé! tu ne sais pas tout ce que cela représente d'angoisses, d'écœurements, de déboires! Je le sais, moi qui me suis senti abandonné de tout et de tous, même de Dieu, me semblait-il!

D'où vient le découragement? D'une erreur.

Dans les moyens employés, dans le but poursuivi, dans les motifs invoqués on est purement humain. A un certain moment, parce que les moyens sont humains et par conséquent fragiles, tout croule autour de soi et dans ce désastre, la volonté, ne sachant où s'appuyer, perd toute initiative et toute force. On ne croit plus à rien, tellement est grand le mécompte.

Conserve, mon cher Louis, ces généreuses ardeurs qui rendent la jeunesse si sympathique. Tu n'auras pas de mécompte et tu garderas tes illusions — parce que ce ne seront pas des illusions — si, grâce à la solide piété dont je te parlais au début, tu es vraiment surnaturel. Alors tu sauras que les échecs aussi bien que les succès te conduisent à la récompense visée par tes efforts. Ni les déboires, ni les ingratitudes, ni les calomnies ne détendront les ressorts de ta volonté, parce que celle-ci, dominant les misères humaines, ne poursuivra que Dieu le bien indéfectible et suprême. Pas de mécompte, donc pas de découragement pour celui qui est surnaturel.

Un dernier écueil à te signaler parmi tant d'autres. Tu le rencontreras dans tes collègues. N'en sois pas étonné. La nature humaine subsiste avec ses imperfections même sous l'habit clérical et dès lors y laisse apparaître certaines petitesses qui, au début du moins, te déconcerteront. Je m'explique. Obéissant à la généreuse ardeur que je te connais, tu entreprendras dans ta paroisse, avec plus de bonne volonté peut-être que de sagesse, ce que te dictera l'amour des âmes. D'autres, à côté, plus rassis et plus prudents, ne tenteront rien ou à peu près et se croiront critiqués par tes actes. Ils te le montreront par des conseils de modération ou même par des dénigrements auprès de tes collègues, quand ce ne sera pas auprès de tes paroissiens. « Il veut nous faire la leçon; il croit avoir inventé quelque chose;

cela lui passera bien vite. » Telles sont les appréciations adoucies que l'on portera sur toi, si même on ne t'accuse pas de faire du zèle pour gagner du galon.

Une espèce de respect humain pourrait envahir ton âme. Pour ne pas te singulariser, pour faire comme les autres, tu pourrais être porté à ne rien faire.

Cette fausse honte n'est pas digne d'un prêtre, qui doit pratiquer le mépris du qu'en dira-t-on et ne tenir compte que de la voix de sa conscience et de ses supérieurs.

Je me résume. Pour être un bon soldat du Christ, deviens un saint et un savant. Profite de ton séminaire en te conformant à la direction de tes maîtres.

Crois moi, mon cher Louis, ton ami dévoué.

94. — Extrait d'un rapport lu au Congrès de Clermon

20 novembre 1909.

. . . .

Le principe de la mutualité trouve son application jusque dans les Congrès, puisque des hommes, venus de divers côtés et se connaissant à peine, mettent en commun leurs lumières, leurs efforts et leur expérience.

Pour que ces réunions de notre Congrès cantonal n'aboutissent pas à l'admiration mutuelle, mais plus tôt servent à l'édification et à l'instruction mutuelle, il me reste à tirer des conclusions pratiques, de mes nombreux déboires et de mes légers succès.

Malgré les services rendus par mon syndicat, et la lecture, dans presque toutes les familles, du journal catholique, mon église n'a pas été plus fréquentée, ni les communions pascales plus nombreuses. Peut-être le temps a-t-il manqué pour permettre à la bonne semence jetée dans les âmes de porter ses fruits !

Toutefois, leur utilité n'est pas contestable. Si je n'ai pas été brisé par mon terrible adversaire, si, même après son triomphe, je me suis imposé comme une puissance qu'il faut ménager, c'est parce que derrière moi, unis par le lien d'une association basée sur l'intérêt, en même temps qu'éclairés par la voie du journal et des *Informations*, se sont groupés tous ceux en qui vibrait un reste de sentiment religieux.

Grâce au syndicat et à mes feuilles, je connais mes paroissiens et mes paroissiens me connaissent, parce que j'entretiens avec tous de constantes relations, qui facilitent même le ministère pastoral.

Défendre son curé et lui accorder sa sympathie, ce n'est pas pratiquer, mais c'est être disposé à pratiquer.

Voilà pourquoi si *les œuvres de mutualité et de presse ne forment pas des chrétiens, du moins elles les préparent.*

La caisse contre la mortalité du bétail ne s'est

pas maintenue, parce qu'elle a été trop faible pour résister à la concurrence passagère d'une société rivale.

La caisse rurale n'a pas vu le jour, parce que, dans Belmon, aucun capitaliste n'en a compris ni les garanties, ni la portée. Le syndicat lui-même, malgré sa prospérité, n'a pas survécu à l'arrêt de la Cour de Cassation, parce que les syndiqués de Belmon n'ont pu le transformer en société coopérative. Toutes ces œuvres sont mortes, étouffées dans les limites trop restreintes d'une paroisse de 300 âmes. Mais toutes auraient pu naître et prospérer, si elles avaient embrassé un groupe de paroisses. Dans les campagnes, *la circonscription cantonale permet seule aux œuvres de mutualité, l'épanouissement nécessaire à leur vie.*

Mes démarches personnelles, l'activité du vendeur, la modicité du prix ont déterminé quelques familles déjà bonnes à prendre le journal catholique. Les indifférentes et même les mauvaises ont été attirées par la chronique locale. D'abord, on s'est fait prêter *la Croix.* Puis on s'est dit que le papier seul valait l'argent et peu à peu, pour éviter l'ennui de toujours solliciter, on s'est abonné. Amis et ennemis goûtaient une secrète joie à voir impitoyablement démasqué l'homme devant qui Belmon tremblait. M. Busquet, lui-même, est devenu un fidèle client du vendeur public de Granville. Le chiffre des lecteurs de *la Croix* a augmenté tous les jours au point d'atteindre 45 abonnés sur 65 familles. *La chronique locale assure le succès de la presse.*

Dans mes polémiques, j'ai toujours visé l'homme sur qui retombaient toutes les responsabilités et soigneusement évité de mettre en cause ses amis. Cette tactique a eu pour effet de faire le vide autour de M. Busquet, par la peur d'être soi-même pris à parti. Attaquer les comparses aurait abouti à les rallier plus fortement autour de leur chef. Le polémiste parfait serait celui qui, s'inspirant de la parole de saint Augustin : « Aimer les hommes, immoler l'erreur », éviterait toute personnalité. Comment réaliser cette perfection, lorsque l'erreur s'incarne dans un homme au point qu'attaquer l'erreur, c'est attaquer l'homme ? Cependant, tel doit être l'idéal du catholique, car *la polémique est d'autant moins dangereuse et d'autant plus féconde qu'elle fait moins de personnalités.*

Les œuvres sociales ne faisant que préparer des chrétiens et demandant, pour prospérer, un territoire débordant la paroisse, le curé peut difficilement en assumer la direction, car son temps appartient d'abord aux œuvres religieuses. En outre, leur administration, rendue plus complexe par l'étendue de la circonscription, peut susciter des difficultés préjudiciables à l'action spirituelle.

Imitant les apôtres, qui s'adjoignirent les diacres pour le ministère de la charité, le curé devra faire appel aux catholiques fervents, susciter leur initiative et entretenir leur zèle ; en un mot, selon une heureuse expression : « *Faire faire* ».

Les quelques braves gens, devenus mes coadjuteurs dans les diverses œuvres tentées à Belmon, se sont montrés des catholiques d'autant plus déterminés qu'ils s'étaient, en quelque sorte plus compromis. Ils se sont trouvés tout désignés pour porter le drapeau de la religion sur le terrain électoral. *Les œuvres de mutualité reviennent plus spécialement aux laïques.*

Il a suffi au maire de Saint-Clair d'un simple caprice pour ne pas louer le presbytère, et, pendant près d'un an, laisser une importante paroisse sans curé. Il a suffi d'un arrêt de la Cour de Cassation pour faire tomber le syndicat de Belmon: Il suffirait d'une seule loi, — la dispersion des congrégations religieuses le montre, — pour détruire les œuvres les plus prospères. Il importe donc au suprême degré de choisir des autorités civiles soucieuses des graves intérêts matériels et moraux qui leur sont confiés. La Constitution ne nous donnant que le vote pour la conquête et la défense de nos libertés, c'est du vote qu'il faut se servir. L'action catholique, exercée par le ministère spirituel du prêtre, par les œuvres sociales des laïques et par la diffusion de la bonne presse, *montre son efficacité et trouve son complément dans l'action électorale.*

Au grand jour, j'ai préparé les élections par la révision des listes, la polémique dans les journaux, le choix de candidats, etc., m'interdisant seulement les louches marchés auxquels s'adonnent trop de politiciens, et faisant sans cesse appel à la conscience. Jamais mes paroissiens ne m'ont accusé de sortir de mon rôle. M. Busquet a tenté de me prêter des arrières pensées politiques. On ne l'a pas cru, parce que mes paroles, mes écrits et mes actes démontraient évidemment qu'en lui j'attaquais seulement l'anticlérical et que, contre lui, je défendais seulement la religion, dont j'étais le champion tout désigné. Sans difficulté, parce qu'il n'y avait pas la moindre équivoque, des hommes de tous les partis ont mêlé leurs bulletins pour la défense de leur foi, réalisant ainsi l'*union des catholiques*.

Cette union, groupant tous les catholiques de Belmon contre l'anticatholicisme de leur maire, a été une première fois apparemment infructueuse, parce qu'elle est restée isolée. Si M. Busquet a conservé ses fonctions en 1908 avec une majorité de 2 voix, alors qu'il obtenait jadis 75 suffrages sur 90, c'est grâce aux dix voix recrutées hors de la section et malgré les habitants de Belmon qui le mettaient en minorité. Que les mêmes efforts eussent été déployés dans toutes communes du canton de Clermon affligées d'un maire sectaire, les électeurs étrangers restaient chez eux et M. Busquet perdait son écharpe. La défense religieuse, commencée dans la commune, doit donc s'organiser par canton et par département, en attendant qu'elle s'étende à la France entière.

En face de l'armée des impies poussant l'éternel cri de haine et de révolte : « Nous ne voulons pas qu'Il règne », les catholiques prennent pour cri de ralliement ce cri d'adoration et d'amour des anges fidèles : « Nous voulons qu'Il règne ». Sous le seul étendard de la Croix, comme en une nouvelle croisade soutenue contre les Puissances de l'enfer, sont appelés tous les enfants de Dieu. La lutte gigantesque, engagée dans le ciel entre les bons et les mauvais anges, perpétuée sur la terre à travers tous les âges entre les enfants de lumière et les enfants de ténèbres, se continue aujourd'hui sur le sol de France, avec une âpreté qui tient en suspens le monde entier. Elle ne sera pas décisive, puisqu'elle ne doit finir qu'à la fin du monde. Mais en attendant le triomphe complet du Roi immortel des siècles, à nous soldats du Christ, d'ajouter à nos glorieuses annales de nouvelles victoires religieuses, qui conservent à la France son titre de fille aînée de l'Eglise.

APPENDICE

L'action catholique s'est exercée à Belmon sur le terrain religieux, social et politique. Les circonstances, plus fortes que la volonté même du curé, l'ont ainsi voulu. Mais considérer la presse comme une œuvre, user des diverses formes de la mutualité pour acquérir et exercer une influence, enfin, ne pas reculer devant les élections pour défendre les intérêts de la religion, aurait paru naguère, et peut-être même encore paraît téméraire à certains, dont le zèle ne savait pas s'affranchir des contraintes jadis imposées par un Concordat oppressivement interprété.

Cependant NN. SS. les Evêques, profitant de la liberté reconquise et pressés de relever les ruines accumulées, n'hésitent pas, pour tout instaurer dans le Christ, selon les directions de Pie X, à pousser hardiment prêtres et fidèles vers les œuvres de conquête et de défense religieuse. Avec des divergences plus apparentes que réelles, provenant soit du caractère de chacun d'eux, soit du tempérament des populations elles-mêmes, ils tentent de grouper, par l'Union Catholique, toutes les forces vives du catholicisme.

A l'armée dont ils prennent le commandement, ils assignent comme terrain de ralliement, la religion à sauver ; comme champ d'action, les œuvres de propagande, de charité, de solidarité à créer ou à développer ; comme moyens de défense, l'usage de tous les droits du citoyen, spécialement du vote.

Le curé de Belmon, se faisant journaliste pour éclairer ses paroissiens trompés, créant un Syndicat et une Caisse contre la mortalité du bétail pour leur venir en aide, travaillant de toutes ses forces à déterminer le choix d'un maire catholique, est donc dans la bonne voie.

Les Evêques sont les chefs, qui, au milieu du fracas de la mêlée, tracent d'une voix autorisée les principes directeurs.

Le curé de Belmon est le soldat qui exécute les ordres reçus.

Entre la direction des premiers et les actes du second existe une étroite corrélation : c'est la corrélation de la théorie à la pratique.

Voilà pourquoi pour avoir toute sa force démonstrative tant auprès des prêtres que des laïques, le récit de la lutte soutenue par un modeste curé de campagne — que Belmon soit situé au Nord ou au Midi, cela importe peu — doit être rapproché du programme essentiel commun aux diverses Unions organisées par les Evêques de France.

Parmi tant d'éloquents discours, prononcés sur ce sujet, celui de Mgr Marty, évêque de Montauban, précise nettement le terrain d'union, la méthode à employer, le but à réaliser. Complété par les statuts de l'Association Montalbanaise, il sera le digne couronnement en même temps que la confirmation autorisée de l'action catholique exercée à Belmon.

Discours de Mgr MARTY,
Evêque de Montauban
(12 janvier 1910)

. . . .

Il n'y a donc plus de doute possible. Le Saint-Père veut l'Union des catholiques, au-dessus des partis politiques pour la défense de l'Eglise, sous le drapeau du Christ (1).

(1) *Dans l'audience qu'il accorda, le 22 mai 1908, à Mgr Marty, le Souverain Pontife, précisant l'idée directrice de l'organisation catholique, prononça ces paroles : « Sint monarchistæ, republicani, bonapartistæ, parvi refert. Sint catholici. » C'est la même pensée que lui exprimait encore Pie X, le 27 avril 1909, lorsqu'il lui disait : « Uniantur sub uno vexillo Christi Jesu ».*
Cet appel à l'union pour la défense des intérêts religieux, Pie X l'a fait officiellement dans son Encyclique Vehementer du 11 février 1906 : « Ne vous y méprenez pas ; travail et efforts seraient inutiles si vous tentiez de repousser les assauts qu'on vous livrera sans être fortement unis. Abdiquez donc tous les germes de désunion, s'il en existait parmi vous. Et faites le nécessaire pour

Qui ne se rend compte, en effet, de la nécessité de cette « Union » ? Elle n'a pas seulement pour but de grouper les forces divisées mais encore de concentrer les forces éparses, pour assurer la pratique, l'affirmation, la défense et l'expansion de la vérité catholique.

a) Elle est d'abord une œuvre de conservation et de préservation. Nous sommes, dit-on, une minorité, une infime minorité. C'est là une assertion très contestable et qui surprend dans la bouche de certains. Mais, en admettant qu'elle réponde à la réalité, n'avons-nous pas l'impérieux devoir de garder au moins cette minorité et, dans ce but, de lui donner conscience de sa dignité chrétienne, de son indépendance et de ses droits ? Apprenons-lui que la loi des majorités est brutale, qu'elle ne fonde ni le droit ni la justice et que, ne serait-on que quatre, on a le droit de vivre pleinement sa religion, de n'être pas traqué comme bête fauve, dans un pays où l'on paie, comme en France, Dieu sait quels impôts ! « L'Union » aidera considérablement à ce premier résultat. Isolés, les hommes, dans nos campagnes surtout, ont la double terreur du respect humain et du Pouvoir. Groupés, ils retrouveront toute leur énergie catholique et française. Non seulement ils ne craindront plus, mais ils seront fiers, comme il convient, de pratiquer et d'affirmer leur catholicisme.

b) *L'Union* est une œuvre de défense. Que nous soyons persécutés, qui donc, du côté des victimes, pourrait encore le nier ? On s'efforce de nous arracher notre catholicisme et cette œuvre sacrilège et antipatriotique est singulièrement avancée. On s'y acharne ! Hier les *Nouvelles*, peu suspectes, disaient que notre situation est monstrueuse. Cette situation est le résultat des lois oppressives forgées contre nous depuis trente ans. Nous en sommes venus à n'être dans nos églises que de simples occupants. On commence à les vendre, à les démolir, ou à nous en interdire l'entrée par des scellés prétendûment officiels.

que, dans la pensée comme dans l'action, votre union soit aussi ferme qu'elle doit l'être parmi les hommes qui combattent pour la même cause, surtout quand cette cause est de celles au triomphe de qui chacun doit volontiers sacrifier quelque chose de ses propres opinions. »

Voulez-vous en être chassés définitivement? Laissez alors, éparse et divisée, l'armée catholique. Voulez-vous, au contraire, reconquérir peu à peu le terrain perdu ? unissez, groupez, liez fortement entre eux les soldats dispersés et, pour cela même, impuissants.

. . . .

c) C'est une œuvre d'expansion. La vérité catholique sauve les âmes : c'est son premier effet. Mais peut-être ne sommes-nous pas assez convaincus qu'elle seule sauve les familles et les sociétés, par les vertus qu'elle inspire et qu'elle donne la force de pratiquer. Quand l'esprit de justice et de charité s'affaiblit dans un peuple, la barbarie commence; s'il venait à s'éteindre, quelle effroyable anarchie ! Par contre, si la justice et la charité régnaient souverainement dans nos familles et dans notre pays, quelle joie, quelle paix, quelle prospérité morale et matérielle !

Or, l'*Union catholique* contribuera puissamment à ce règne heureux. Si dans toutes nos paroisses, quelques catholiques convaincus, fermes, propagandistes, se groupaient autour de leur curé, si ces petites compagnies paroissiales unies formaient un bataillon cantonal autour du doyen; si ces bataillons formaient un beau régiment compact et résolu sous la direction de l'Evêque, les 84 régiments de France constitueraient une magnifique armée conquérante qui aurait pour armes la Vérité, la Justice, la Charité, et remporterait la grande, la nécessaire victoire où il n'y aurait d'autres victorieux que Dieu et la France et après laquelle nous serions tous, dans une admirable unité, les nobles vaincus de Dieu et les heureux serviteurs de la Patrie.

Au nom de l'Eglise humiliée, de la Patrie menacée, de tous vos intérêts humains et surnaturels mis en péril, je vous adjure d'établir entre vous une Union sincère, une Union de cœur, une Union résolument agissante. Ne quittez pas cette salle sans avoir pris la décision bien arrêtée, tous, prêtres et fidèles, de dépenser à fortifier et à organiser cette union, toute votre énergie. Messieurs les Doyens, portez mon invitation, mon ordre de chef, aux prêtres de votre canton; formez sans plus tarder les cadres de l'armée. Et vous, Messieurs les laïques, accourez à la voix de vos prêtres, pour réparer les défaites passées et préparer les victoires de l'avenir. Je vous propose une croisade trois fois sainte. Je m'adresse à votre religion, à votre cœur, à votre patriotisme, puisqu'il s'agit du salut de l'Eglise, de vos enfants et de la Patrie. Pas un seul d'entre vous ne refusera de marcher. Je suis à votre tête. La bataille que je ne cherche point ne m'effraie pas. Cependant, je ne veux pas être le Pierre l'Ermite d'une armée en désordre qui courrait à la défaite; je veux d'une armée en bon ordre, qui marche, lentement peut-être, mais sûrement à la victoire !

Il suit de ce que je viens de dire que l'*Union Catholique* poursuit une fin plus haute et plus large que les élections. Son action s'exerce avant et après les élections, car elle doit être permanente et ne jamais cesser. Les élections, quelles qu'elles soient, ne peuvent ni décourager cette action, si elles sont mauvaises, ni la ralentir si elles sont bonnes.

Elle a pour objet, nous venons de le dire, la pratique, l'affirmation, la défense, l'expansion de la vérité catholique.

Cela dit, rappelez-vous que nous avons le devoir et le droit de défendre notre catholicisme. Nous avons ce devoir parce que notre catholicisme est attaqué, et avec lui nos familles, notre pays, tous nos intérêts. Mais qui donc l'attaque? Ce qu'on appelle la politique. Souvenez-vous des lois dont je viens de vous parler. Il semble qu'on n'ait à s'occuper en France, depuis 1880, ni de la grandeur de la Patrie, ni du bien-être moral et matériel du peuple, mais seulement de légiférer contre l'Eglise.

Nous avons donc le devoir et le droit, qui naît comme toujours de notre devoir, de défendre le catholicisme contre la politique qui s'acharne contre lui.

Or, qui sont ceux qui ont fait cette politique et ces lois mauvaises? Les représentants irréligieux, députés et sénateurs. Et ces représentants sont faits par les élections. Si les élections sont bonnes, les représentants sont bons; si elles sont mauvaises, ceux-ci sont mauvais. Et si la politique est mauvaise, le catholicisme est persécuté et mis en péril de mort, dans notre pays. Donc, nous sommes obligés de faire tout ce qui est en notre pouvoir pour écarter, par de bonnes élections, les mauvais représentants, qui feraient des lois d'oppression, surtout ceux qui en ont fait déjà, nous donnant ainsi la certitude qu'ils en feraient encore. Et cela, quoi que nous pensions des élections et du suffrage universel. S'il nous était donné de choisir un moyen de salut différent, nous pourrions et devrions le choisir. Mais il est certain que les élections menacent actuellement l'Eglise et la France. C'est donc notre devoir de nous en occuper et de faire qu'elles ne tuent pas la Patrie.

Cela étant, pour qui voterons-nous? C'est la seule question qui reste, puisqu'il est entendu que nous ne désignerons pas de candidat, du moins pour le moment. Dans l'avenir, les circonstances pourront nous imposer, au contraire, le devoir de faire cette désignation.

Notre idéal auquel nous ne devons jamais cesser de tendre, c'est évidemment d'avoir des représentants vraiment catholiques, connaissant bien la constitution et les droits de l'Eglise, aptes et prêts à défendre cette constitution et à faire respecter tous ses droits. Nous devons aspirer à cet idéal, car nous devons désirer pour l'Eglise toute justice et toute liberté. Nous ne pouvons pas désirer moins, sous peine de ne pas être catholiques. Et toute justice et toute liberté ne peuvent être assurées à l'Eglise que par des sénateurs et des députés vraiment catholiques.

. . . .

Messieurs, il s'agit de combattre pour Dieu, de sauver l'âme des enfants et donc l'âme de la France. Il n'y a pas de temps à perdre. Demain ce serait trop tard. Debout donc sous le drapeau de Dieu. « Debout et en avant pour l'Eglise et pour la Patrie. » Que ce soit là notre devise, notre unique et notre grande devise. Trop longtemps il y a eu les catholiques après tout, suivant le mot de Montalembert. Qu'il y ait maintenant les catholiques avant tout ! Trop longtemps les candidats de l'erreur ont affirmé audacieusement leurs doctrines antireligieuses, antipatriotiques, antisociales. Que les candidats de la Vérité, les catholiques, affirment désormais hautement leur doctrine religieuse, patriotique et sociale. La raison vaut autant que la religion. Messieurs, croyons à la vérité. Ayons confiance en la vérité. La vérité nous délivrera. *Veritas liberabit vos.*

Extrait des Statuts de l'Union Catholique

Article Premier. — Une organisation de défense et d'action religieuses est fondée dans le diocèse de Montauban sous le nom d'*Union catholique*.

Son siège est à Montauban.

Art. 2. — L'*Union* se compose de catholiques, pris dans tous les rangs de la société et désirant collaborer aux œuvres du diocèse.

Art. 3. — Elle ne s'occupe pas des préférences politiques de ses Membres. Elle a pour but d'organiser et de diriger les forces catholiques afin que leur action soit plus efficace.

Art. 7. — L'*Union* est placée sous la présidence de Monseigneur, qui nomme un Directeur général ecclésiastique, un Secrétaire et les Vice-présidents que nécessite l'extension de la Société.

Art. 8. — L'*Union* comprend cinq sections :

1º Celle des œuvres religieuses ;

2º Celle des œuvres d'enseignement ;

3º Celle des œuvres post-scolaires et de persévérance, comme les patronages, les associations de jeunesse catholique ;

4º Celle des œuvres de presse ;

5º Celle des œuvres sociales.

Chaque section est dirigée par un Président et un Secrétaire désignés par Monseigneur.

Montauban. — Imp. Jules PRUNET, rue Porte-du-Moustier.

Table des Matières

www.ingramcontent.com/pod-product-compliance
Ingram Content Group UK Ltd.
Pitfield, Milton Keynes, MK11 3LW, UK
UKHW020729120726
13693UKWH00001B/235